John Armstrong era, até recentemente, Filósofo Residente na Melbourne Business School e é Consultor Sênior do Vice-Reitor da Universidade de Melbourne. É autor de diversos livros aclamados sobre arte, estética e filosofia. Seu último livro, *In Search of Civilization*, foi publicado em 2009.

The school of life se dedica a explorar as questões fundamentais da vida: Como podemos desenvolver nosso potencial? O trabalho pode ser algo inspirador? Por que a comunidade importa? Relacionamentos podem durar uma vida inteira? Não temos todas as respostas, mas vamos guiá-lo na direção de uma variedade de ideias úteis – de filosofia a literatura, de psicologia a artes visuais – que vão estimular, provocar, alegrar e consolar.

A marca FSC® é a garantia de que a madeira utilizada na fabricação do papel deste livro provém de florestas que foram gerenciadas de maneira ambientalmente correta, socialmente justa e economicamente viável, além de outras fontes de origem controlada.

Como se preocupar menos com dinheiro
John Armstrong

Tradução: Carlos Leite da Silva

2ª reimpressão

Copyright © The School of Life 2012
Publicado primeiramente em 2012 por Macmillan, um selo da
Pan Macmillan, uma divisão da Macmillan Publishers Limited.
Todos os direitos reservados.

*Grafia atualizada segundo o Acordo Ortográfico da Língua Portuguesa
de 1990, que entrou em vigor no Brasil em 2009.*

Título original
How to Worry Less About Money

Capa
Adaptação de Trio Studio sobre design original de Marcia Mihotich

Projeto gráfico
Adaptação de Trio Studio sobre design de seagulls.net

Revisão
Tamara Sender
Juliana Santana
Mariana Freire

Editoração eletrônica
Trio Studio

Impressão e acabamento
Geográfica

CIP-BRASIL. CATALOGAÇÃO-NA-FONTE
SINDICATO NACIONAL DOS EDITORES DE LIVROS, RJ

A765c
Armstrong, John
    Como se preocupar menos com dinheiro / John Armstrong ;
tradução de Carlos Leite da Silva. – 1ª ed. – Rio de Janeiro : Obje-
tiva, 2012.
    168p. (The School of Life)
    Tradução de: *How to Worry Less About Money*
    ISBN 978-85-390-0390-7
    1. Finanças pessoais. 2. Sucesso. 3. Felicidade. 4. Riquezas -
Aspectos sociais. I. Título. II. Série.

| 12-4814 | CDD: 332.024 |
| | CDU: 330.567.2 |

[2016]
Todos os direitos desta edição reservados à
EDITORA SCHWARCZ S.A.
Rua Cosme Velho, 103
22241-090 — Rio de Janeiro — RJ
Telefone: (21) 2199-7824
Fax: (21) 2199-7825
www.objetiva.com.br

Sumário

I. Introdução	7
II. Pensando em dinheiro	13
1. O que realmente significa preocupação com dinheiro?	15
2. Um bom relacionamento com dinheiro	23
III. O significado secreto do dinheiro	29
1. Quando dinheiro não é dinheiro	31
2. Como se desapegar	41
3. O que é dinheiro?	53
IV. Dinheiro e vida boa	57
1. Dinheiro como um ingrediente	59
2. Teoria do casamento de Jane Austen	67
3. Inveja como educação	73
V. Criando ordem	79
1. Necessidade *versus* querer	81
2. De quanto preciso?	91
3. Preço versus valor	97
4. Anseio e receio	103

VI. Como ganhar dinheiro e ser uma boa pessoa
ao mesmo tempo   111
  1. Ter e fazer   113
  2. O que Rex entendeu errado e outras lições   119

VII. Meu lugar no grande cenário   133
  1. Os problemas dos ricos   135
  2. As virtudes da pobreza   145
  3. A relação íntima com o dinheiro   149

Dever de casa   155
Créditos das imagens   163

I. Introdução

Este livro é sobre preocupações. Não é sobre problemas de dinheiro. Há uma diferença crucial.

Problemas são urgentes. Requerem ação direta. *Não consigo ver como vou pagar o seguro do meu carro. Nunca consigo saldar a dívida do cartão de crédito: é como uma corda no pescoço. Quem me dera que meu filho de 14 anos fosse para uma escola particular, porque está tendo dificuldades onde está. Mas não tenho dinheiro.*

Problemas com dinheiro como esses podem ser enfrentados apenas de duas maneiras. *Ou* você consegue ter acesso a mais dinheiro – liquidando contas, ganhando mais ou cortando gastos. *Ou* você fica sem alguma outra coisa.

Por outro lado, preocupações muitas vezes dizem mais sobre quem se preocupa do que sobre o mundo.

Preocupações são sobre o que está acontecendo em sua cabeça, não apenas o que está acontecendo em sua conta bancária. Elas variam livremente ao longo do tempo: *Preocupo-me por ter tomado uma péssima decisão financeira há 15 anos. Preocupo-me que meus filhos, quando forem adultos, não tenham dinheiro suficiente.* Preocupações estão ligadas à imaginação e às emoções, não apenas ao que está acontecendo aqui e agora.

Portanto, encarar *preocupações* com dinheiro deveria ser bem diferente de lidar com *problemas* de dinheiro. Para encarar nossas preocupações temos de dar atenção ao padrão de pensamento (ideologia) e ao esquema de valores (cultura), em como estes estão sendo acionados em nossas existências individuais, privadas.

Em geral, conselho em relação a dinheiro tem a ver com a questão: *como posso ter mais dinheiro?* O conselho consiste em sugestões e instruções para aumentar a riqueza de alguém: desenvolver um portfólio de bens; arranjar um emprego com melhor salário; casar-se com alguém rico. Ele parte do princípio de que já sabemos de quanto precisamos ("Mais! Mais!") e por quê ("Você está louco?"). Porém, a pergunta "como posso ter mais dinheiro?", na teoria, deveria ser colocada apenas depois do questionamento sobre quanto dinheiro preciso e para quê.

Alternativamente, o aconselhamento financeiro pergunta: *como posso viver com menos?* Há muitas ideias sobre como poupar dinheiro: cortar o cartão de crédito; forçar-se a anotar todas as despesas; diminuir o aquecimento central e vestir uma blusa a mais em casa; juntar cupons de descontos especiais. Essas poderiam ser estratégias muito úteis, obviamente. Presume-se que você já tenha estabelecido as metas certas e que queira atingi-las com menos despesas. Mas elas não tratam da questão subjacente: *para que preciso de dinheiro?* Ou, expressando de outra maneira: *qual é a ligação entre dinheiro e vida boa?*

Em outras palavras, nossa cultura de aconselhamento está sintonizada com *problemas* de dinheiro, em vez de com *preocupações* com dinheiro. Isso é um problema porque esse tema é muito profundo e difundido em nossas vidas. Nossa relação com dinheiro é para a vida inteira, ela reveste nosso senso de identidade, modela nossa atitude em relação a outras pessoas, aproxima e separa gerações; dinheiro é a arena em que cobiça e generosidade são acionadas, na qual a sabedoria é exercida e a loucura, cometida. Liberdade, desejo, poder, status, trabalho, posse: essas enormes ideias que governam a vida são, quase sempre, representadas no dinheiro e em torno dele.

Na filosofia do ensino, é feita uma grande distinção entre treinamento e educação. O treinamento ensina uma pessoa a como desempenhar uma tarefa específica de maneira mais eficaz e confiável. A educação, por outro lado, expande e enriquece a mente de uma pessoa. Para treinar uma pessoa você não precisa saber nada sobre quem ela realmente é, ou o que ela ama, ou por quê. A educação pretende abraçar a pessoa inteira. Historicamente, temos tratado o dinheiro como uma questão de treinamento, em vez de educação, em seu sentido mais vasto e digno.

O modo como alguém se relaciona com o dinheiro está, em última instância, estruturado por ideias mais amplas e menos explícitas – ideias sobre a condição humana, "o significado da vida, do universo e de tudo". E isso quer dizer que a relação que temos com o dinheiro pode ser sustentada ou impossibilitada por pensamentos aparentemente muito distantes.

Por exemplo, Karl Marx argumentou que o dinheiro é parte de um sistema profundamente injusto. Prejudica tanto os que são bem-sucedidos quanto os que passam por óbvias dificuldades. Pode ser possível escapar – mas somente rejeitando o sistema como um todo, saltando da esteira transportadora, através de revolução.

Dinheiro, enquadrado dessa maneira, soa como uma imposição estranha ao mundo.

Os defensores do livre mercado da Escola de Chicago, por outro lado, argumentaram que o dinheiro é essencialmente uma ferramenta neutra, através da qual as pessoas interagem racionalmente de maneira a maximizarem sua própria utilidade. Enquadrado dessa maneira, o dinheiro é inofensivo. Quaisquer fracassos que possam ser devidos ao dinheiro são, de fato, o produto de deficiências de racionalidade. A vida econômica de uma pessoa é uma criação livre.

Essas são grandes construções intelectuais e com certeza poucas pessoas vivem com modelos tão precisos e elaborados de dinheiro em suas cabeças. Mas na verdade seguimos por aí com algum tipo de modelo – por mais vago, mais poético, mais enfadonho que possa ser, trazemos uma visão de vida e do mundo para a nossa interação com o dinheiro. A questão não é para imediatamente concordar com Marx ou com os teóricos do livre mercado nem para discordar deles. Antes, seus pontos de vista podem ser incitamentos para uma tarefa mais pessoal: qual é realmente a minha (ou sua) teoria de dinheiro equivalente? E essa pergunta aponta para uma grande ambição deste livro: nos ajudar a chegar às nossas próprias grandes perspectivas sobre dinheiro e seu papel na vida.

II. Pensando em dinheiro

I. O que realmente significa preocupação com dinheiro?

Preocupações com dinheiro tendem a se agrupar em quatro grandes grupos.

1. *Sem ele terei grandes problemas e chateações na vida.* Serei humilhado por não ter dinheiro suficiente para me proteger. Terei um status inferior.

2. *O dinheiro me obrigará a passar grande parte da vida só ganhando o suficiente para sobreviver.* Isso não é um desperdício completo; significa apenas que haverá muito menos satisfação, autorrealização e esforço compensador do que eu gostaria. Passarei grande parte da vida pensando em pagar dívidas e cartões de crédito – em vez de lidar com assuntos bem mais importantes. Além disso, dinheiro é algo extremamente duvidoso. Vou poupá-lo, e então desaparecerá por conta de algum giro do mercado.

3. *Perderei a chance de ter as coisas boas que desejo.* Nunca irei morar em uma casa encantadora, dirigir um carro elegante, ter férias fabulosas, sentir o calor confortável e o sossego que imagino derivem da sólida segurança financeira. E isso me deixa zangado comigo mesmo e

com o mundo. Preocupo-me com a possibilidade de fracassar na vida e isso estará ligado à minha inabilidade de lidar melhor com o dinheiro.

4. *Dinheiro é como um vírus.* Em seu nome as pessoas fazem coisas terríveis. O dinheiro parece operar com uma lógica que é indiferente ao mérito, ao sofrimento ou à justiça. Há um tipo de destino que, sem nenhuma razão válida, determina que *esta* pessoa irá ganhar dinheiro penosamente e esmolar enquanto *aquela* pessoa ficará olhando atentamente para relatórios de corretores de valores cheios de números enormes. O sistema parece ser grande demais – não há nada que eu, ou qualquer outra pessoa, possa fazer em relação a isso.

Se formos fazer algo em relação às nossas preocupações, precisamos entendê-las antes de tentarmos reagir imediatamente a elas. De onde vêm as nossas preocupações? O que está por trás delas? Com que estamos realmente preocupados? Progredimos na vida quando transformamos ansiedades em questões específicas, desde que as transformemos, claro, nas questões corretas.

Preocupações com dinheiro acontecem porque não conseguimos dar respostas suficientemente precisas às perguntas subjacentes:

1. Para que preciso de dinheiro? Ou seja, o que é importante para mim?
2. De quanto dinheiro preciso para fazer isso?
3. Qual é para mim a melhor maneira de conseguir esse dinheiro?

4. Quais são minhas responsabilidades econômicas para com outras pessoas?

Essas perguntas estão diretamente relacionadas com as preocupações com que começamos. As questões são sérias, mas têm respostas reais.

Nossa tendência natural é passar de uma preocupação para outra; mudamos de tópico, por assim dizer, mas na realidade não saímos do lugar:

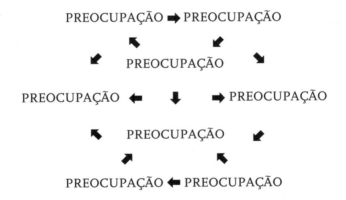

Um hábito de pensamento mais desejável é um em que as preocupações são retidas na mente de maneira que possam ser transformadas em indagações genuínas:

PREOCUPAÇÕES ➡ QUESTÕES ➡ RESPOSTAS

18   Como se preocupar menos com dinheiro

Pode parecer um pouco pedante enfatizar isso. Mas esse é um princípio crucial. Nunca faremos progresso em lidar com nossas preocupações com dinheiro se não reconhecermos que elas se originam de um conjunto de questões subjacentes. E essas questões são sobre nossos próprios valores, modo de vida e visão de mundo. Nossas preocupações – no que diz respeito a dinheiro – são tanto sobre psicologia quanto sobre economia, tanto sobre a alma quanto sobre o extrato bancário.

Portanto, a primeira tarefa é conhecer nossas preocupações e seguir seu rastro até uma questão subjacente. É bem possível que, numa primeira análise, as preocupações sejam um pouco vagas. Normalmente não sei com o que estou preocupado. Isso não quer dizer que minha aflição não tenha uma causa. Apenas não sei dizer com precisão qual é sua causa.

Por exemplo, é bastante frequente sentir-me ansioso com dinheiro quando olho para o meu carro. Já o tenho há dez anos e ele acumulou um bom número de arranhões e pequenas complicações. Tem uns rangidos curiosos; os limpadores de para-brisas estremecem quando estão em funcionamento; os pedaços de plástico que protegiam a parte de dentro dos para-lamas já caíram há algum tempo. O interior nunca parece completamente limpo. Tem um amassado em um dos lados provocado por alguém que fez um mau cálculo durante uma ré em um estacionamento subterrâneo. Mas anda e é seguro. E não tenho como comprar outro para substituí-lo.

Mas alguma parte de meu cérebro me diz que este não é o carro que devo ter. Imagino algo mais interessante, ou mais bonito – ou simplesmente mais atual. Quando o estaciono no clube de tênis, sinto-me aliviado se há outros carros modestos ao redor e (tenho vergonha de dizer, mas é verdade) fico aborrecido ao ver veículos mais elegantes. O que causa minha ansiedade é o pensamento de que estou preso a essa coisa, de que nunca vou ter algo melhor: nunca serei capaz de pagar para estar feliz em relação ao meu carro.

Olhar para o meu carro me deixa preocupado com dinheiro – mas qual é a fonte da ansiedade?

Essa preocupação, afinal, não tem realmente nada a ver com o próprio carro. Na verdade, tem a ver com imaginação e relações sociais. Então, com o que estou exatamente me preocupando? Refletindo, o que surge é que estou preocupado em não tomar conta das coisas de forma adequada. Se eu cuidasse devidamente do carro, ainda poderia estar em boas condições. Então não me preocuparia por ele ter dez anos e ser de um modelo mediano. Quando olho para o carro, estou vendo (eu agora entendo) a consequência de um tipo de desleixo – sempre adiando o conserto de pequenas coisas, nunca limpando os assentos traseiros etc. Minha preocupação é sobre o meu caráter. E comprar um carro novo – o que seria um autêntico fardo – não faria com que eu melhorasse meu cuidado com ele. De fato, acho que o apelo de um carro novo tem realmente a ver com começar de novo: da próxima vez, digo em segredo para mim mesmo, vou cuidar bem do meu veículo. Mas isso é ilusório. Não cuidei no passado. Por que isso mudaria agora?

É realmente bastante significativo que o "objeto" da preocupação possa ser tão pouco claro. Isso significa, como disse, que a tarefa principal é pensar, em vez de se afobar para achar uma solução.

Para usar outro exemplo: a ansiedade, para mim, aumenta em relação a um majestoso hotel específico em Veneza. Quando penso nele – é extremamente elegante e encantador e absurdamente caro –, sinto-me frustrado e desesperado. Contemplo a minha magra conta bancária com desgosto. Nunca poderei ficar lá. Claro, há milhões de coisas que não posso nem começar a pagar, milhões de hotéis caros. Por que a preocupação com esse hotel específico?

Refletindo sobre isso, percebo – pela primeira vez – que associo aquele hotel a figuras históricas que admiro. Penso que John Ruskin se hospedou nele. Tenho quase certeza de que o escritor Cyril Connolly também, e o historiador Kenneth Clark. Para mim, o hotel significa: você pode ser como eles. Contudo, assim que é trazido à luz, esse pensamento parece bobagem. Hospedar-me lá nada faria para me tornar semelhante a eles de nenhuma maneira relevante. Mas isso sugere que a preocupação, em última instância, não é sobre dinheiro. É uma preocupação de que, em comparação com esses homens que admiro, não possuo foco e tenho pouca coragem. Essas são preocupações que vale a pena abordar; mas um hotel de luxo não é a resposta.

Outra preocupação com dinheiro é que quando meus filhos cresçam não tenham dinheiro suficiente. Tento planejar maneiras de poupar agora de modo que eles fiquem em segurança. Se eu guardar uma pequena quantia toda semana, o que o juro composto fará disso no espaço de cinquenta anos? (Admitamos, nada de mais para servir de grande ajuda.) Mas as verdadeiras preocupações, penso agora, são a sua independência interior e o radicalmente indefinido caráter do futuro deles. Talvez eles não vão se importar com o que agora me parece fundamental. Estou confrontando o fato de que não consigo imaginá-los crescidos. Como poderia a menininha brincando na areia ganhar uma renda de classe média? A preocupação, então, é existencial: meus filhos irão crescer, eles se tornarão seus próprios juízes na vida; irão se separar de mim.

Frequentemente não sabemos muito bem qual é o problema para o qual precisamos de uma solução. Minhas preocupações, aqui, são claramente apenas em parte sobre dinheiro. Também são preocupações sobre ser querido, sobre o bem-estar de meus filhos, sobre meu relacionamento com minhas esperanças secretas de plenitude e realização e sobre a coerência de minha vida. Mas é claro que esses são pontos de partida bastante vagos. A tentação é dizer que, por serem vagos, podem ser descartados. De fato, é *porque* são vagos que requerem atenção e esclarecimento adicionais.

2. Um bom relacionamento com o dinheiro

Algo característico de um bom relacionamento é isto: você fica mais rigoroso ao delegar responsabilidades. Quando as coisas correm mal, você consegue ver o quanto é falha sua e o quanto é falha do outro. E o mesmo vale para quando as coisas correm bem. Você sabe que uma parte se deve a você e outra parte depende da contribuição de seu parceiro.

Esse modelo aplica-se ao dinheiro. Quer as coisas corram mal ou bem, é em parte pelo que você traz à situação, em parte pelo que o dinheiro traz. O que o dinheiro traz é um certo nível de poder de compra.

O que você traz para esse relacionamento inclui imaginação, valores, emoções, atitudes, ambições, medos e memórias. Portanto, o relacionamento não é de maneira nenhuma apenas uma questão de fatos puramente econômicos de quanto você ganha e quanto gasta.

O modelo de relacionamento sugere que resolver questões em relação à quantidade, ou de quanto dinheiro se tem, normalmente, por si só, não fará a diferença que se está procurando. Ou seja, tentar resolver todas as suas preocupações com dinheiro abordando a *quantidade* de dinheiro – seja aumentando-o ou conseguindo viver com menos – não é a estratégia ideal. A chave é analisar a sua relação com dinheiro e os sentimentos que você tem sobre isso.

Eles contemplam o mistério da existência – o dinheiro parece irrelevante.
Caspar David Friedrich, *Lua nascendo sobre o oceano* (1822).

Ela contempla o mistério da existência – o dinheiro parece ser fundamental e irresistível.

Os conflitos entre as preocupações com dinheiro e as esperanças da vida são reais e profundos. Há momentos em que pensamos que eles talvez pudessem se alinhar – quando dinheiro talvez pudesse se encaixar com felicidade. Há outros pontos nos quais a oposição parece realmente angustiante. Chega uma conta de luz enorme, o seguro da casa está vencido e preciso de um tratamento dentário dispendioso. Mal consigo pagar tudo isso. E parece ser sempre assim. Será que nunca conseguirei visitar minha irmã no exterior? Será que nunca conseguiremos instalar a cozinha nova que iria realmente melhorar a nossa vida familiar?

É importante reconhecer a grandiosidade do tema do dinheiro na vida individual e coletiva. Nossas dificuldades com dinheiro são similares a alguns dos grandes dramas morais do passado – dramas que tendem a ter mais prestígio em nosso imaginário cultural do que os conflitos do dia a dia. Veja, por exemplo, a luta entre fé e razão, ou o potencial conflito entre as necessidades individuais e as exigências do Estado.

Em *Antígona*, de Sófocles, há um choque elementar entre a vida privada e o dever para com a sociedade. A personagem principal, Antígona, coloca a lealdade para com seu irmão – que é um traidor – acima da lealdade para com a cidade onde mora. Ela está certa em fazer isso, mesmo quando a cidade sofre grande perigo?

A grandiosidade da peça vem do fato de, como espectadores, podermos ver a justiça e a razoabilidade de ambos os lados da argumentação. Um trágico conflito está sendo apresentado. Podemos sentir o poder e a propriedade de cada reivindicação.

Da mesma forma, as reivindicações de dinheiro e de vida podem parecer envolvidas em uma luta até a morte. Você pode crescer (como me aconteceu) num ambiente austero e ficar louco para ganhar dinheiro suficiente para escapar dele. Mas isso pode lhe dar a sensação de estar perdendo suas raízes. Ou, para ganhar dinheiro suficiente para sobreviver em um mundo competitivo, você pode sentir que tem de se vender e nunca se dedicar às coisas em que gostaria de se focar, como família, criatividade, mudar o mundo ou simplesmente cultivar seu jardim.

Temos de tentar chegar a algum tipo de ajuste – algum tipo de entendimento adequado da relação, e integração, entre essas exigências opostas, de tal maneira que haja uma resolução que não seja trágica. Se simplesmente ficarmos do lado de Antígona, perdemos o mais importante da peça; assim como nos equivocamos se simplesmente dizemos que dinheiro é terrível. Ele é (em alguns aspectos) terrível, mas também é (potencialmente) muito bom.

Com *Antígona*, Sófocles estava demonstrando aos seus contemporâneos a profundidade e o poder de certos conflitos. As tensões, incertezas e confusões no relacionamento que temos com o dinheiro são grandes tópicos na vida, não distrações dela. Investigar nossos desapontamentos, tomar decisões difíceis sobre prioridades, tornar-se independente, superar dificuldades, abdicar de um prazer no curto prazo por um benefício no longo: esses são aspectos cruciais do amadurecimento, não somente desvios desafortunados impostos pelo dinheiro.

A angústia é inevitável. Dinheiro é um tema tão importante na vida que *devíamos* nos preocupar com ele. A meta não é evitar *todo* pensamento ansioso ou sensato sobre dinheiro. (Embora um amigo meu nos negócios *diga* que isso é exatamente o que ele quer: "Adoraria nunca mais voltar a pensar em dinheiro; mais alguns milhões e já não terei de pensar.")

Não deveríamos evitar os aspectos aflitivos, incertos e difíceis de nossos relacionamentos individuais e coletivos com riqueza e pobreza. Preocupação é um termo para esforço mental: idealizadamente, queremos nos preocupar com mais discernimento e de modo mais determinado. A meta da vida adulta, pode-se dizer, é se preocupar bem. Preocupamo-nos com coisas que importam; preocupar implica cuidado. Portanto: *quanto* você deveria se importar com dinheiro? De que maneiras você deveria se importar com dinheiro? E por que razões você deveria dar atenção ao dinheiro? Deveria ter receio de dinheiro? Autoconhecimento, experiência e coragem – os verdadeiros antídotos para o medo – não fazem com que o perigo desapareça. Eles permitem que tenhamos uma vida mais próspera, *apesar* da existência do perigo.

Uma pessoa corajosa não é aquela que simplesmente deixa de perceber uma ameaça. Ela está bastante consciente dos riscos; só que, em vez de ficar paralisada ou intimidada, é suficientemente determinada e confiante para enfrentar esses riscos.

Portanto, como indivíduos, temos a oportunidade de modificar o que trazemos para o nosso relacionamento com dinheiro. Não estamos tentando ser *indiferentes* a ele; antes, queremos ter um relacionamento sensato com ele. É disso que trata este livro – como podemos levar imaginação, autoconhecimento, maturidade emocional e nossas grandes ideias sobre vida e sociedade para o modo como lidamos com dinheiro.

III. O significado secreto do dinheiro

1. Quando dinheiro não é dinheiro

Bagagem emocional, bloqueios e obsessões podem trazer problemas para todos os tipos de relacionamento. Assim, é simplesmente natural que também sejam fontes de problemas no relacionamento de alguém com dinheiro. E não necessariamente percebemos o que o dinheiro significa para as nossas mais profundas imaginações. Pode significar status, segurança, sucesso, vingança, salvação, superioridade moral ou culpa (para começar a lista). Todos são tópicos importantíssimos na vida que ficam envolvidos e são acionados em nosso relacionamento com o dinheiro – e às vezes isso acontece de maneiras desastrosas.

Para ver tais complicações de perto, considere estes retratos íntimos de pessoas que conheço.

i. Eddie

Durante anos Eddie costumava dizer que um pouco mais de dinheiro iria melhorar bastante sua relação com a esposa. Sua ideia era de que, se pudessem sair para jantar fora uma vez por semana e pagar uma baby-sitter, ele e a mulher conseguiriam ter conversas apropriadas, e assim seduzir e estimular um ao outro. E teriam um sexo ótimo. Ao longo dos anos, ganharam dinheiro suficiente para passarem algumas noites fora. Mas não fazem isso.

O problema não era e não é apenas dinheiro – embora Eddie continue insistindo que é. Recentemente, ele dizia que, se conseguissem se mudar para uma casa maior e consideravelmente mais cara, *então* se sentiriam ótimos um com o outro, teriam prazer em sair para jantar e seu casamento iria esquentar.

Para Eddie, o dinheiro tem um *significado secreto*. É a solução mágica para as mágoas dos relacionamentos. Em sua cabeça, dinheiro é um tipo de afrodisíaco. Essa falsa equação deriva de uma experiência bastante específica que tem a ver com seus pais. Quando criança, Eddie costumava detestar quando seus pais saíam para jantar. Uma vez, sua mãe estava toda arrumada para sair, e ele chegou a vomitar nos sapatos dela por estar tão histérico com o pensamento de ser deixado com a baby-sitter enquanto os pais se divertiam sem ele. Igualmente, quando era criança, a sua mãe "toda arrumada para sair" representava "muito dinheiro". A relação ficou gravada em sua imaginação: dinheiro é igual a adultos passando um tempo invejável juntos. Portanto, agora, quando seu casamento não está suficientemente estimulante, ele sente como se a solução tivesse que ser *mais dinheiro*.

Isso quer dizer que está sendo pedido ao dinheiro que faça algo impossível. Eddie quer uma solução financeira para um problema romântico. Ele não vê isso. É verdade que problemas de relacionamento são com muita frequência causados por dinheiro. Você fica estressado porque tem mais dívidas do que consegue pagar (as dívidas, de fato, arruinaram o casamento dos pais de Eddie). Ambos se tornam irritáveis e preocupados. Brigam. Mais dinheiro ajudaria o relacionamento, você diz a si mesmo, porque o problema é, no fundo, um problema de dinheiro.

Portanto, estamos habituados à ideia de que o dinheiro pode suavizar as tensões dos relacionamentos. Só que isso não é o que está acontecendo no caso de Eddie. Em primeiro lugar, ele tem um problema de relacionamento, mas o vive como um problema de dinheiro.

ii. James

Ao longo das três últimas décadas, James construiu uma fortuna substancial por meio de suas especulações imobiliárias e vários outros negócios. Está entre os mil cidadãos mais ricos do Reino Unido. Tem um medo terrível do fracasso e da pobreza.

Sua riqueza, na verdade, está bem segura. Possui terrenos, edifícios, carros, cavalos, mobiliário. Tem um portfólio de investimentos conservador. Colocou dinheiro em diversos monopólios para a sua família. Detém muitas apólices de seguros. Em grande medida, saiu dos negócios que iniciou; portanto, agora não carrega esses riscos. Seu medo é irracional. Mas obviamente não o impede de ser emocionalmente poderoso.

É porque James sente que tem problemas com dinheiro. Ele honestamente sente que não tem o suficiente. Olha para os relatórios de seus bens e fica ansioso. Precisa de mais dinheiro urgentemente.

A verdadeira solução para as suas preocupações não pode ser econômica. Se um pequeno castelo na Escócia, uma mansão no Lake District, uma casa na New Town em Edimburgo e todas aquelas

34   Como se preocupar menos com dinheiro

ações, apólices e monopólios não o fazem se sentir seguro, então – podemos certamente concluir – nada parecido conseguiria. Sua preocupação não tem nada de econômica. Só *parece* econômica.

O alívio de seu terror precisa ser buscado em linhas mais esperançosas. Talvez arte ou religião ou uma mudança na sua atitude em relação a sua família pudesse fazer diferença. Mas porque sente que suas preocupações são com dinheiro, James não volta sua ávida inteligência para essas outras direções.

Na imaginação de James, dinheiro é como uma mãe não confiável – propensa a abandonar seu filho a qualquer momento. Enquanto se sentir assim não conseguirá usar o dinheiro para acalmar seus medos. Portanto, independentemente de quanto dinheiro acumula, suas ansiedades não diminuem.

Em outras palavras, James está preso em uma armadilha. Metade de seu cérebro insiste que dinheiro o fará se sentir em segurança; a outra metade insiste que o dinheiro não é confiável. Portanto, não importa quanto ele acumula, pois o nível de ansiedade não diminui.

Para ter um melhor relacionamento com o dinheiro, James terá de fazer algo que, à primeira vista, parece irrelevante para a sua vida econômica. Terá de enfrentar os demônios internos de sua insegurança.

iii. Petra

Desde que se lembra, Petra se sente aprisionada em uma intensa rivalidade com sua prima Simone. Embora raramente tenham se falado nos últimos cinco anos, Petra tem uma escala pessoal de comparação pela qual avalia sua própria vida. Quando, por meio de conhecidos mútuos, tem notícias do sucesso profissional em ascensão de Simone, Petra fica bastante perturbada. Isso acontece em parte porque, durante alguns anos, esteve melhor do que Simone. Quando Simone voltou a estudar Direito, Petra era a rica: era ela quem vivia em um lugar lindo e tirava férias de luxo. Bem lá no fundo, Petra formou inconscientemente a crença de que ser mais rica era prova de ela ser superior a Simone de outras maneiras: mais inteligente, mais amistosa, mais bonita, mais sintonizada com a realidade, mais merecedora de uma boa vida.

A atitude de Petra em relação a dinheiro deixa seus amigos perplexos. Ela é uma funcionária pública bastante graduada, com um salário três vezes a média nacional. É solteira, com um filho que agora tem 20 anos. Mas Petra frequentemente contempla sua sina com desgosto. Detesta seu apartamento (embora os amigos admirem o modo como ela o decorou). Sente-se uma fracassada. Está sempre sonhando com o que faria *se ao menos tivesse mais dinheiro*.

Na imaginação de Petra, dinheiro é o território no qual ela compete com a prima. De quanto dinheiro precisa? "Mais do que Simone" é, secretamente, a única resposta suportável para ela.

iv. Angela

Sempre que Angela se encontra com um pouco de folga financeira, não dura.

Há alguns anos a tia de seu pai faleceu e deixou 20 mil libras para Angela. Ela já gastou tudo. Fez uma viagem à Itália. Perdeu parte em um investimento estúpido em uma fazenda de cangurus. Deu dez por cento para um refúgio de mulheres. Durante algum tempo andou muito de táxi. Tentou fazer um pouco de psicoterapia, mas não deu grandes resultados. Comprou uma linda mesinha de apoio de nogueira do começo do século XVIII – que fica deslocada na casa alugada, mas é a última coisa que tem da herança.

Quando se sente atormentada e sobrecarregada, Angela olha para trás com horror, para a dissolução daquela soma. Por que simplesmente não a pôs no banco?

Sente-se frustrada com o trabalho. Não parece encontrar um emprego de que realmente goste. Sonha acordada em trabalhar para uma fascinante firma de consultoria de que ouviu falar, sediada em Copenhagen; eles trabalham em filosofia empresarial, e isso lhe soa como uma fusão entre a Andy Warhol's Factory e o Boston Consulting Group. Mas parece ser desesperadoramente distante como opção de carreira. Ela está fazendo um mestrado de meio período em ética aplicada – e, para ser honesto, não está indo muito bem. Tem um emprego de que costumava gostar: ensinar pessoas a ensinarem inglês como língua estrangeira.

Por estranho que isso possa parecer, Angela tem medo de ter dinheiro suficiente. Ela diz que quer ganhar mais e poupar mais; está cansada de estar sempre endividada. Na sua imaginação, dinheiro é muito perigoso. Tem 34 anos, mas administrar-se financeiramente equivale à morte de sua juventude e e – assim pensa ela – ao assalto da sombria meia-idade. Sente que tem preocupações com dinheiro. Por trás delas, no entanto, encontram-se causas inesperadas – sua atitude consigo mesma e com sua vida; sua visão sobre envelhecimento e maturidade; suas teorias particulares sobre o que é felicidade.

v. Stephen

Stephen considera-se pobre. Usa muitas vezes a palavra "lutando" nos diálogos íntimos nos quais expõe suas preocupações consigo mesmo. Trabalha em uma livraria. Quando consegue, trabalha na sua própria escrita: está tentando publicar uma coletânea de contos, até agora sem sucesso. É totalmente detalhista e empenhado em criação literária – tenta capturar pequenas circunstâncias de sentimento com total fidelidade; faz experimentos com formas de apresentação novas e difíceis. Fica horrorizado quando olha para os títulos que vendem bem. Tem tanta porcaria, coisas desprezíveis e bobagens que vendem milhões. O dinheiro, ele acha, é o inimigo da verdade e da substância. O dinheiro esmaga qualquer um que tenta ficar no seu caminho. Edifica padrões falsos. Em sua opinião, as editoras não estão interessadas na qualidade de um texto, apenas se importam com o lucro que podem tirar dele. Nas festas, se ele diz que é escritor, as pessoas só se interessam por quantos exemplares ele vende. Ele compara o apartamento que aluga em uma rua dilapidada com as casas grandes e de mau gosto em ruas mais ricas. Passa diante de lojas repletas de luxos e objetos fraudulentos que só representam status e artigos de marca que roubam as almas das pessoas. Vivemos, diz ele, na caverna de Platão. Todos estão obcecados por coisas que não são reais – mais com o dinheiro do que com a verdade. E quando tenta mostrar isso, claro, o detestam.

vi. Karen

Nos últimos anos, depois que seus filhos entraram para a escola, Karen estabeleceu uma segunda carreira como consultora financeira; antes disso, era professora de educação física. Seu trabalho a põe em contato estreito com pessoas que têm muito mais dinheiro do que ela. Tornou-se altamente consciente dos vínculos entre dinheiro e status. Obviamente, quanto mais dinheiro os clientes têm, mais importantes eles são para o negócio dela e mais cuidado e atenção lhes são dedicados. Quando, nas colunas sociais de uma revista, vê a foto de um ou outro de seus clientes num evento de caridade ou nas corridas de cavalos, conhece a história que está por trás. Ela sabe como a riqueza cria presença: quem é amigo de quem; como os estratos variados da "sociedade" são diferenciados. Normalmente, consegue rapidamente perceber se uma pessoa é realmente rica ou se é só "aspirante" (um termo insultante em seu vocabulário pessoal). Em alguns aspectos, ela fica entusiasmada com o contato estreito com os ricos. Mas esse contato também a tornou bastante dura. Inconscientemente, fica impaciente e entediada com seus velhos amigos não abastados. E está completamente determinada a encontrar uma maneira de chegar ao topo, ao que parece ser o mundo real – o mundo da riqueza.

A crescente pressão interna que Karen sente em relação a dinheiro nada tem a ver com obter o suficiente para sobreviver. Dinheiro representa status – ou seja: amor, atenção, respeito, orgulho de si mesmo, plenitude de ser. Em outras palavras, o dinheiro, para Karen, alcançou quase um significado religioso. Para ela, ele é o que uma sociedade mais primitiva poderia ter chamado "a graça de Deus". Portanto, uma solução genuína para seus problemas poderia se parecer muito pouco com uma estratégia financeira e muito mais com regeneração moral.

Esses retratos são apenas alguns exemplos do fato de que, bem no fundo, muitas vezes *dinheiro não é dinheiro*. É prova de bondade; é a origem do mal; é vitória sobre um rival; é o caminho para o amor; é garantia de prazer sexual; é veneno; é a morte da infância.

Porque o dinheiro está tão difundido em nossas vidas, é inevitável que se confunda com psicologia íntima. Para um romancista, isso pode ser empolgante. Em termos de viver bem, é um problema.

É um problema porque, por exemplo, permitir que o relacionamento com meus pais invada a minha conta poupança, ou tentar uma vitória tardia numa rivalidade de infância maximizando meus ganhos na meia-idade, apenas resultará em fracasso. Essas experiências do passado não deveriam influenciar minhas decisões financeiras de hoje.

Mais precisamente, dinheiro é apenas um mecanismo neutro de troca. Não é nada por si mesmo. Simplesmente registra um grau de débito ou crédito. Mas, de um ponto de vista psicológico, o dinheiro – como temos visto – é muitas coisas diferentes. Em um extremo, alguém pode encará-lo como um tipo de deus. Essa não é uma questão de crença explícita. Antes, revela-se em como uma pessoa pensa, sente e age. Ou, em outro extremo, alguém pode agir como se o dinheiro fosse perverso, e, portanto, se sente impelido a fracassar economicamente e absorver desse fracasso algum grau de validação. Mas – é claro – o preço dessa validação é extremamente alto.

O dinheiro exerce um estranho poder e nos leva a ter comportamentos desastrosos.

Temos a tendência a contar mentiras para nós próprios sobre dinheiro. O significado secreto de dinheiro em nossas imaginações individuais proporciona um motivo poderoso para evitar ou embelezar a verdade, para mentir. A economia faz de si uma ciência ao extirpar o pessoal, mas por essa razão deixa de ver o que mais precisamos entender: a história secreta de nossos relacionamentos individuais com o dinheiro.

Muitas pessoas acham que não têm direito a falar de dinheiro *em geral*. As particularidades de sua experiência são demasiado singulares e pessoais. Como se pode falar com autenticidade e qualquer relevância geral? *Quem sou eu para falar de dinheiro?*, pergunta a voz da autocrítica.

O que temos de fazer, portanto, é nos despojarmos dessas camadas de dúvida e confusão; precisamos ver o dinheiro da forma mais realista possível. Para o nosso próprio bem-estar e para o bem da sociedade, deveríamos tentar reformar e melhorar nossa relação com o dinheiro. Queremos nos desfazer da bagagem inútil. Mas como fazemos isso?

2. Como se desapegar

Este é um exercício prático para o autoconhecimento, em quatro passos. Na verdade, é aconselhável anotar suas respostas (o mais honestamente possível).

i. Reconhecimento

Pelo fato de o significado secreto que o dinheiro tem na vida de cada um estar sempre um pouco oculto, é fácil rejeitar esse significado. A nossa resposta instintiva pode ser: "Claro, as pessoas carregam todo tipo de bagagem em relação ao dinheiro – eu, no entanto, estou completamente livre de tais impedimentos." Comece por resistir a essa tendência. O processo começa quando você diz: "Provavelmente trato o dinheiro de algumas maneiras estranhas – só que ainda não sei exatamente quais são essas maneiras."

ii. Associações

Comece com algumas palavras ou frases que você associa ao dinheiro. Para incentivar a redação de sua lista, aqui estão algumas das minhas (algumas das quais, eu admito, parecem um pouco estranhas no início): Chateações, "Nunca vou escapar", "O planalto iluminado pelo sol", Vulgaridade, Aconchego, "Para *você*, tudo bem".

42   Como se preocupar menos com dinheiro

Depois elabore o que surgiu. O que essas palavras ou frases significam para você? Acrescente uma reflexão sobre o que elas revelam de sua atitude em relação a dinheiro. Aqui estão as minhas:

1. *Chateações*: ter de morar em um lugar realmente inconveniente (porque o preço do imóvel é mais acessível), e por isso a longa viagem até o trabalho, por isso ficar frenético de manhã, por isso ficar irritado com Helen e os garotos, por isso sentir-me triste e culpado. *Reflexão*: meu medo de assumir a devida responsabilidade pela minha própria administração do tempo está vinculado com o não ter a quantidade ideal de dinheiro. Mas as chateações são exageradas – eu devia me levantar mais cedo, o que implica ir para a cama mais cedo, o que implica desligar o DVD e não assistir a só mais um episódio do seriado *The West Wing* (Nos bastidores do poder).

2. *"Nunca vou escapar"*: esse é um sentimento fatalista. Sempre que tenho um pouco de dinheiro sobrando, aparece uma conta ou despesa grande que eu não tinha previsto. Isso sempre acaba com todo o dinheiro que eu pensava ter poupado. Estou me sentindo um pouquinho satisfeito comigo mesmo, e então a Helen diz que a conta do dentista para os aparelhos das crianças tem que ser paga, ou que um pedaço do telhado vai ter de ser trocado. De volta ao ponto de partida. *Reflexão*: o problema é que eu enterro a cabeça na areia. Preciso me planejar de forma mais realista. Há séculos eu sei que os aparelhos

dentários iriam ser bem caros; sabíamos que um pedaço do telhado estava em mau estado. Mas uma parte de mim simplesmente ignorou isso.

3. *"O planalto iluminado pelo sol"*: é código para "Um dia tudo ficará bem". É frequente eu fantasiar sobre ter mais dinheiro. Imagino como isso seria agradável – todas as minhas dificuldades acabariam, eu me divertiria. Mas não há uma data. "Um dia" é simplesmente algum tempo indefinido no futuro longínquo. *Reflexão*: penso em dinheiro de maneira ligeiramente mágica. Não penso de modo realista sobre *como* eu poderia fazer isso acontecer, mesmo que apenas num grau limitado.

4. *Vulgaridade*: estou sempre atento a sinais de que as pessoas com muito dinheiro são inferiores a mim de algum modo que eu prezo. Sou obcecado por beleza e me sinto melhor comigo mesmo quando vejo pessoas bem de vida que são frágeis e espalhafatosas. *Reflexão*: estou tentando manter a minha dignidade diante de comparações econômicas desconfortáveis. Faria melhor se me concentrasse naquilo com que me importo e não me desse tanto ao trabalho de criticar os outros.

5. *Aconchego*: minha imagem do que o dinheiro me traria. Um casaco de caxemira, em uma tarde fria; cortinas de veludo espesso, perfeitamente ajustadas; tranquilidade interior por não ter de me preocupar com dinheiro.

Reflexão: essa ideia sobre dinheiro parece estar relacionada com minha infância na Escócia – é uma defesa contra sentir frio. Talvez tenha a ver com proteção contra outros perigos. Se eu tiver dinheiro, ninguém se zangará comigo. Quando sou honesto, sei que o dinheiro não pode me trazer esse tipo de segurança.

6. *"Para você, tudo bem"*: posso dizer isso sobre outra pessoa e receio que outra pessoa possa dizê-lo sobre mim. Imagino essa frase sendo dita com um tom de voz muito amargo e ressentido. Isso diz: estou triste porque você está feliz. E isso sugere: ficarei feliz quando você estiver infeliz. *Reflexão*: não acho que eu esteja verdadeiramente amargurado. Mas estou aterrorizado com a possibilidade de ficar assim. E tenho receio de outras pessoas se sentirem amarguradas em relação a mim. Será que minha obsessão em ter mais dinheiro me tornou um pouco egoísta?

iii. História particular

Para cultivar autoconsciência, você precisa examinar os episódios cruciais de sua história particular com o dinheiro. Você se sente orgulhoso com relação a dinheiro? Quando se sentiu mais humilhado ou constrangido por causa de dinheiro? O que você sentiu em relação às pessoas que estavam ao seu redor nesse momento? Como foi a presença do dinheiro em seus relacionamentos? A sua educação encorajou uma atitude saudável com o dinheiro?

Até que ponto você atribui poderes "mágicos" ao dinheiro? Você presta mais atenção a quanto as pessoas *parecem* ter ou à questão mais delicada de quanto elas *realmente* têm? Suas preocupações, em retrospecto, têm sido sensatas? Você tem sido otimista em excesso? Quais são seus medos reais em relação ao dinheiro?

De modo a encorajá-lo, e motivá-lo a avançar, aqui estão alguns capítulos de minha própria história secreta com o dinheiro:

1. Aos 7 anos, contando a mentira extraordinária de que meu pai era "quase milionário" (na verdade, ele estava usufruindo de um período brandamente abastado em um histórico de lucro e prejuízo), fui instantaneamente cortado: "Você é tão bobo." *Medo*: sou presunçoso. Sou dado a exageros ridículos de meu status econômico porque tenho horror de ser humilhado. Inconscientemente, equiparo riqueza com ser desejável. Porém, sei que é absurdo fazer isso.

2. A terrível guinada de meus pais da riqueza sofisticada (vasos de cristal para decantar licores, férias na Provença, casacos de pele de camelo) para a autêntica pobreza (um pequeno carro surrado que uma vez enguiçou na rua principal: sua impossibilidade de comprar comida ou pagar o aquecimento no inverno, os buracos nos meus sapatos – e a minha relutância em pedir aos meus pais uns novos). *Medo*: não consigo aceitar a realidade do dinheiro; vejo-o

como um acessório de palco; ele vem e vai sem nenhuma razão ligada ao meu comportamento ou decisões; mantenho-me isento de responsabilidades. Está fora das minhas mãos.

3. Minha meiga irmã, então com 12 anos, após termos visitado uma família rica, entra no carro suspirando: "eles são tão ricos!", e minha mãe, meu irmão e eu sussurrando para ela se calar – embora apenas nós a pudéssemos escutar. Por que ficamos tão irritados? *Medo*: minha vaidade está ferida pela ideia da pobreza; não suporto ser lembrado dela.

4. Ser humilhado pela minha primeira namorada, que veio de uma família bem-sucedida. Ela achava que tinha pouco dinheiro, embora pelos meus padrões fosse altamente privilegiada. Ela explicou as atitudes de seus pais em relação a mim: "Eles gostam de você, mas você é um mistério para eles; eles acham que os jovens deveriam comprar carros esportivos e abrir empresas editoriais ou entrar para o parlamento." Como se eu tivesse simplesmente me esquecido de fazer tais coisas. *Medo*: ter nascido pobre é uma gafe insuperável.

5. Às vezes, não estava inteiramente claro se eu me mantinha em meu casamento por causa de dinheiro (Helen sempre contribuiu mais financeiramente) ou se o dinheiro simplesmente capacitava o casamento a supe-

rar seus momentos difíceis. *Medo*: tenho uma alma mercenária.

6. Um amargo senso de ter tomado algumas péssimas decisões, tal como sair de um investimento imobiliário muito sensato e depois esbanjar dinheiro em especulações débeis. Enfrentamos anos de ansiedade por causa dessa asneira. *Medo*: sou um idiota no quesito finanças.

7. Tenho sido muito lento para conseguir um salário estável e de classe média. *Medo*: em matéria financeira, me faltam bom senso e caráter.

iv. Encontrar a companhia certa

Vir a conhecer nossa relação íntima com dinheiro e desenredar os problemas reais de dinheiro dessas preocupações, que são na verdade sobre algo diferente, é um projeto altamente pessoal. Mas não é realmente solitário.

Muitas vezes é tabu falar abertamente de dinheiro; é bem provável que isso leve a conflitos, ressentimento, desonestidade. E mesmo na amizade – pelo menos na minha experiência – geralmente não falamos muito sobre os aspectos íntimos de nossas vidas financeiras.

Mas é bom ficar na companhia de outras pessoas que estão interessadas em melhorar a qualidade de sua relação com o dinheiro. O projeto de "se desapegar" – de esclarecermos o nosso relacionamento com o dinheiro, de crescermos em autoconhecimento e maturidade – é íntimo. Ele continua nas cabeças e vidas dos indivíduos. Claro, seria muito mais fácil se fôssemos educados numa sociedade completamente saudável nesse aspecto, e na qual todos assumissem responsabilidade madura e perspectivas de longo prazo sobre assuntos econômicos. Mas, infelizmente, esse não é o caso.

Portanto, iremos nos beneficiar do envolvimento com comunidades de indivíduos que podem nos ajudar a nos tornarmos melhores versões de nós mesmos. Nesse caso, para termos um relacionamento mais saudável e produtivo com o dinheiro.

Mas a chave aqui, surpreendentemente, acaba por não ser pela busca de tais comunidades em que vamos encontrar pessoas obcecadas por dinheiro ou que têm um grande interesse em estratégias de investimento (embora esse também possa ser o caso); antes, o crucial é compartilhar de um interesse em clareza e honestidade – em desemaranhar nossa relação com o dinheiro. Portanto, como encontramos a companhia certa? O que estamos procurando nesses indivíduos? Aqui estão sete características que podem ser desejáveis:

1. *Pessoas que nos incentivam a sermos realistas*: no romance *Emma*, de Jane Austen, a personagem principal de mesmo nome encoraja sua modesta amiga Harriet a se apaixonar por homens ricos, de padrão de vida elevado, apesar de no mundo delas não haver a mínima chance de ela se casar com um homem desses. Essa aspiração excessiva ameaça arruinar as possibilidades de Harriet ter uma vida feliz. Temos o incentivo em tão elevada consideração que nos esquecemos de que aumentar expectativas é uma

maneira de tornar as pessoas infelizes. No final, Harriet tem sorte e acaba tendo um casamento muito sensato e apropriado. Ser realista, nesse caso, não era humilhar Harriet – era uma questão de entender suas reais necessidades. Emma não deu atenção adequada a como Harriet realmente era; ela realmente não precisava de um casamento abastado para poder prosperar.

2. *Pessoas que não usam o dinheiro como um modo de humilhar outras*: ocasionalmente, você encontra pessoas que ostentam sua riqueza, com a implicação de que, se você não tem tanto quanto elas, então não existe completamente aos olhos delas: você pertence a uma espécie inferior. Estranhamente, não são somente aqueles com muito dinheiro que o usam para humilhar. Pode ser o garçom em um restaurante, quando você pede uma garrafa de vinho barato; ou a recepcionista de um hotel que o faz se sentir patético por não querer ficar com uma suíte. Não é que eles sejam abastados. Mas o que eles estão sugerindo é: só irei respeitá-lo se você gastar muito dinheiro. É conveniente evitar esse tipo de pessoa.

3. *Pessoas que não propagam desespero e ressentimento em relação a dinheiro*: há pessoas cujo medo do dinheiro fica disfarçado de desdém; e querem que você partilhe dessa atitude. Aos olhos delas, tudo o que está ligado a ganhar dinheiro é sórdido e injusto. Sempre há evidências suficientes para sustentar essas convicções; elas se guiam,

implacavelmente, nas más notícias. Evite essas pessoas. Elas irão poluir sua mente.

4. *Pessoas que incentivam bons hábitos*: elas estabelecem um bom exemplo. Deixam de comprar algo que querem por ser insensato gastar o dinheiro; compram roupas de segunda mão – e não veem isso como vergonhoso, mas como economia sensata.

5. *Pessoas que são abertas sobre suas experiências econômicas*: meu próprio pensamento sobre dinheiro foi em muito influenciado por um amigo do ramo dos negócios, que era então muito próspero, me falando sobre sua falência de uma década antes. Foi profundamente comovente escutar sobre seu amor pelo seu negócio, seus esforços desesperados para salvá-lo, as intensas frustrações de não conseguir e os anos desolados que se seguiram, quando ele aprendeu a sobreviver com muito pouco. A riqueza de seu relato me permitiu trazer isso para a minha própria imaginação. O ideal é que nos beneficiemos da experiência de outros, mas isso só acontece quando outros compartilham sua experiência de maneira suficientemente plena e honesta. É bastante raro conseguir ir além da fachada da vida de outra pessoa. E nossas ideias sobre dinheiro são muitas vezes baseadas nas aparências superficiais das vidas de outros. Mas se uma pessoa dá o exemplo certo, outros podem segui-la. Abertura gera abertura.

6. *Pessoas que escutam – e não projetam a situação delas na sua*: há uma tendência entre algumas pessoas de dizerem "você devia fazer isto...", quando o real significado é "eu faço isto...". Enquanto a questão de *por que* deveríamos fazer a mesma coisa não é perguntada nem respondida. Muitas vezes usamos nossas próprias vidas como modelo para as dos outros. Escutar significa descobrir o que está verdadeiramente acontecendo com outra pessoa.

7. *Pessoas que abrem as nossas mentes para pensarmos com mais clareza sobre a nossa situação, oportunidades e dificuldades; que desmistificam o dinheiro e não entram em pânico*: é natural que nossos próprios hábitos mentais e suposições sobre a vida e o mundo pareçam ser naturais, verdadeiros e finais. Mas o amigo-para-o-dinheiro ideal incentiva o exame e a revisão de tais ideias fixas. Mas isso não é somente uma questão de acabar bruscamente com medos ou preocupações, por mais irracionais que possam ser. A autenticidade desse amigo é equilibrada – e tornada útil – por sua simpatia.

Como todos os amigos, o amigo-para-o-dinheiro nos ajuda a encontrar um estilo de vida mais realista e mais satisfatório.

3. O que é o dinheiro?

Tentamos desvendar o significado simbólico que as pessoas atribuem ao dinheiro. O que falta? O que significa ver o dinheiro pelo que ele realmente é?

Dinheiro é essencialmente um meio de troca. É o intermediário de que nossos sistemas antigos de permuta necessitavam para poderem funcionar. O dinheiro em si é abstrato. Praticamente qualquer coisa pode se tornar dinheiro e o dinheiro pode se tornar praticamente qualquer coisa. Por exemplo, a devoção do tempo e do talento de alguém a, digamos, organizar uma rede de distribuição de aparelhos domésticos pode se tornar, entre muitas outras coisas, aulas de tênis depois do colégio para uma criança, ou novas cortinas no quarto.

O fato é que o dinheiro na nossa conta bancária já foi outra coisa: trabalho e empreendimento. E esse dinheiro irá se *tornar* outra coisa: bens e experiências.

Outra definição padrão de dinheiro diz que ele é um "suprimento de valor". Isso enfatiza que o dinheiro pode se tornar muitas outras coisas, *e a qualquer hora*.

Uma vida com dinheiro pode, portanto, ser analisada da seguinte maneira:

1. Como transformamos o dinheiro em bens e experiências é incrivelmente importante. Em que bens e experiências você

converte o dinheiro? Com que eficiência você faz essa conversão?

2. Como transformamos trabalho e empreendimento em dinheiro é incrivelmente importante. Que esforço ou atividade *você* transforma em dinheiro? Em *quanto* dinheiro você transforma seus esforços e atividades?

Portanto:

Em outras palavras, qual é a natureza das atividades e esforços que são transformados em dinheiro? E qual é a natureza dos bens e experiências em que o dinheiro se transforma?

Um medo comum é que os esforços de alguém, por si só, não valham suficientemente a pena. Portanto, mesmo que você consiga transformar esses esforços em dinheiro, é um negócio infeliz porque esses esforços constituem uma parte significativa de sua existência. Há muita verdade na observação de que somos o que fazemos. Razão pela qual é tão devastador para a alma gastar tanto tempo fazendo algo que você não acredita que valha a pena.

Outro medo comum é que, mesmo quando em princípio há dinheiro suficiente, a pessoa não seja verdadeiramente capaz de transformá-lo em bens e experiências suficientemente bons. O dinheiro por si só não nos mostra como fazer isso.

Portanto, em última instância, a tarefa da vida é transformar esforços e atividades que valem inerentemente a pena em posses e experiências que são em si de valor perene e verdadeiro. Esse é o ciclo ideal do dinheiro.

Nosso relacionamento com dinheiro torna-se doentio quando o retiramos desse ciclo. Isso acontece quando deixamos de vê-lo como bens e experiências potenciais – e, em vez disso, passamos a ver bens e experiências como dinheiro potencial. Essa é a situação da pessoa que não vê uma pintura, mas apenas um preço; que não vê uma educação, mas somente potencial de ganho. E isso acontece quando vemos nossas atividades simplesmente como maneiras de ganhar dinheiro e não como atividades para serem avaliadas pelo seu valor inerente.

O erro subjacente em cada caso é o mesmo. E pode ser expresso com notável finalidade lógica. Ambas as situações tratam os *meios* como se fossem *fins*. Ou, para colocar de outra maneira, elas tratam um meio de troca como se fosse em si uma coisa real.

Por exemplo, uma casa pode ser considerada um investimento: ela representa certa quantidade de dinheiro armazenada por um tempo em tijolos e argamassa (ou vidro e aço). E eventualmente será convertida novamente em dinheiro. O tempo todo, a consideração principal é o dinheiro. O edifício é apenas um *tipo* de dinheiro com aspecto estranho. Por outro lado, uma casa pode ser vista fundamentalmente como um lar. Ela absorve as experiências de quem vive nela; contém infâncias; expressa estilo pessoal; é o lugar onde se enriquecem amizades. É claro, isso custa dinheiro. Mas nem tudo diz respeito a dinheiro. O dinheiro é simplesmente o meio que possibilita essas outras coisas boas.

Aqui estamos falando de uma questão psicológica. É uma questão de atitude. Na mente de uma pessoa, uma casa é principalmente um lar e secundariamente um veículo econômico? Ou é primeiro uma preocupação econômica e segundo um lugar onde se vive a vida? Acho que está claro qual é a melhor atitude.

Essa perspectiva começa a aprofundar a maneira como as nossas atitudes em relação a dinheiro podem ajudar ou dificultar a busca por uma vida boa.

IV. Dinheiro e vida boa

1. Dinheiro como um ingrediente

Como vimos, dinheiro é somente um meio de troca. Em outras palavras, dinheiro é um instrumento. Parece ser um ponto menor, mas isso é extremamente importante, porque levanta duas grandes questões. Primeira: o dinheiro é um meio para *quê*? Segunda: como pode ser usado eficaz e efetivamente para se atingir esse fim?

A resposta mais simples é que quero mais dinheiro para então conseguir coisas específicas: um carro, um apartamento, férias, um companheiro, status, amor. Ou seja, as coisas que me farão feliz.

Mas existe uma teoria famosa que sugere que o dinheiro proporciona um retorno decrescente em termos de felicidade:

Como se pode ver, o nível de felicidade aumenta bem rapidamente conforme as pessoas se deslocam de dinheiro nenhum para quantias modestas; depois a linha fica reta; a partir de certo nível a linha deixa de subir. (O orçamento médio seria perto do meio da linha do dinheiro.)

Na verdade, isso não deveria nos surpreender. Quando falamos sobre felicidade, o que temos em mente? Provavelmente uma mistura de ânimo e serenidade: você se sente exultante e seguro. E o dinheiro tem uma relação real, mas decrescente, com essas emoções.

Dinheiro pode de fato comprar coisas que deixam você se sentir tranquilo: o quarto de hotel luxuoso, a casa de campo. Mas há muitas fontes possíveis de tranquilidade (como um bom temperamento, relacionamentos estáveis, exercício físico, ter uma crença religiosa, ouvir música) que não têm qualquer relação fixa com dinheiro.

Dinheiro está ligado à alegria de viver. Pode comprar as coisas boas da vida: o champanhe, o convite para o tapete vermelho, o bilhete de avião para a exploração e o glamour. Porém, sabemos perfeitamente bem que as pessoas podem ter essas coisas e ainda se sentirem tristes e deprimidas.

Se for preciso dar uma explicação, é assim: o dinheiro pode comprar os símbolos mas *não as causas* da serenidade e alegria de viver. De uma maneira franca e direta, temos de concordar que dinheiro não pode comprar a felicidade.

i. Por que devemos falar sobre prosperidade em vez de felicidade

É óbvio que serenidade e alegria de viver são atraentes. Mas não captam realmente o que as pessoas buscam da vida.

A maioria das pessoas percebe que realmente precisa fazer coisas pelos outros. Temos um profundo medo de que a nossa vida poderá ter sido vivida em vão se não tivermos feito uma contribuição, ou uma diferença benéfica, às vidas dos outros.

Fazer coisas valiosas nem sempre nos faz sentir bem no momento em que as realizamos. É preciso trabalhar arduamente quando você sente vontade de desistir, correr o risco de aborrecer as pessoas, aceitar as ansiedades que vêm com a competição, pôr a alma nas coisas que podem ser rejeitadas ou são simplesmente difíceis. Prosperar significa prosseguir com as coisas importantes que você tem a fazer, exercitar suas capacidades, ativamente tentar "realizar" aquilo com que você se importa e trazer isso para a vida. Mas essas atividades envolvem ansiedade, medo do fracasso e contratempos, assim como um senso de satisfação, triunfos ocasionais e momentos de entusiasmo.

Uma vida boa ainda é uma vida. Ela tem de incluir sua cota plena de sofrimento, desilusões e a aceitação de nossa mortalidade e as mortes de quem amamos. Viver uma vida que é boa *como uma vida* envolve tudo isso.

Prosperar implica aquilo a que verdadeiramente aspiramos: o melhor uso de nossas capacidades e habilidades; envolvimento em coisas que consideramos valerem a pena; a formação e a expressão do melhor em nós.

Por isso prosperar é um termo mais preciso do que felicidade para aquilo que queremos da vida.

ii. Qual é a relação entre dinheiro e prosperidade?

Bem, é verdade que mais dinheiro não nos deixa muito mais felizes, no sentido de íntima alegria de viver e serenidade, pelo menos não por muito tempo e não em um grau muito elevado. Portanto, se isso é o que você realmente procura, querer ganhar mais e mais dinheiro claramente não é uma estratégia muito boa.

Mas, se pensarmos em prosperar, então o dinheiro desempenha um papel bem diferente.

Aquilo em que o dinheiro é realmente bom é em capacitar para a ação e nos permitir obter bens materiais. O dinheiro é uma fonte de poder e influência.

Essas não são as vias diretas para a alegria de viver e a serenidade. Mas estão intimamente ligadas à prosperidade. Porque elas diretamente o ajudam a fazer a diferença, buscar coisas com que você se importa, desenvolver seus talentos e promover os talentos de outros.

Potencialmente, a prosperidade continua crescendo conforme o dinheiro aumenta – a linha não fica horizontal como acontece no gráfico dinheiro/felicidade que vimos antes.

Prosperidade é irrestrita. E um acréscimo de dinheiro sempre aumenta uma possível prosperidade.

Mas dinheiro não é a causa única da prosperidade. *Dinheiro é um ingrediente – um recurso.*

iii. Dinheiro como um ingrediente

Há poucas coisas que você pode fazer só com dinheiro. Mas há um monte de coisas que não conseguirá fazer facilmente *sem* dinheiro. A lógica dos ingredientes é familiar e simples, mas continuamos esquecendo-a quando pensamos em dinheiro.

Dinheiro traz consequências positivas – ajuda-nos a viver vidas preciosas – *somente* quando associadas a "virtudes". Virtudes são aptidões positivas da mente e do caráter.

Projeto	O dinheiro traz	Virtudes necessárias	O dinheiro sem virtudes traz
Uma boa casa	Escolha da propriedade e localização, escolha das mobílias, dos aparelhos domésticos, acesso a ajuda.	Estilo, um bom olho, relacionamentos íntimos, um espírito social, determinação, persistência, bom gosto.	Decoração de mau gosto e ambiente social pretensioso ou sombrio.

Projeto	O dinheiro traz	Virtudes necessárias	O dinheiro sem virtudes traz
Umas boas férias	Liberdade de manobra, opções quanto a onde ficar e comer e ao que fazer.	Senso de propósito, autoconhecimento, sagacidade, resiliência, espírito de aventura, sensibilidade cultural.	Entretenimento superficial, memórias sem brilho, experiências culturais vazias e não genuínas, autonegação e insatisfação.
Uma boa educação	Chances extras, oportunidade para períodos mais extensos de estudo, mais opções, acesso a ajuda.	Vontade e desejo de aprender, visão adequada de auto-aperfeiçoamento, senso de empreendedorismo e entusiasmo intelectual, busca de sabedoria e confiança.	Uma mente sem inspiração, falta de motivação e plenitude, vida de privilégio imprudente; culpa ou negação (tédio).

A prosperidade não é egoísta ou gananciosa, nem antissocial como a busca desapiedada dos nossos próprios sentimentos de serenidade ou alegria pode muitas vezes ser. A prosperidade genuína dos indivíduos origina benefícios coletivos. Isso se deve ao fato de o exercício positivo dos talentos terem de promover o bem-estar geral, enquanto a minha alegria de viver e serenidade privadas nada podem acrescentar à vida dos outros.

iv. De quanto preciso?

Esta é uma pergunta muito importante – e não deveríamos minimizar sua importância respondendo: "o máximo que for possível".

Só podemos perguntar "De quanto eu preciso?" quando pensamos em dinheiro claramente como um ingrediente. Prosseguir com essa indagação significa que temos de perguntar:

1. Quais são meus verdadeiros objetivos? (Eles podem ser um lar feliz, o bom desenvolvimento de nossa mente, um compromisso enriquecedor com o mundo.)
2. O que (exceto dinheiro) é importante para alcançar essas coisas?
3. O dinheiro contribui de que maneira?

É só então que o aspecto do dinheiro pode ser esclarecido. Porque então podemos ver para que verdadeiramente precisamos de dinheiro. É importante você escrever suas próprias respostas a essas questões.

Mais tarde, irei explorar isso com mais detalhes, mas primeiro quero examinar como a abordagem do "ingrediente" pode nos ajudar com o problema íntimo de como dinheiro interage com amor e sexo.

2. Teoria do casamento de Jane Austen

i. O dinheiro está ligado a amor e sexo?

Ao usar a abordagem do ingrediente, podemos ver que o dinheiro pode desempenhar um papel importante na construção de um bom relacionamento com outras pessoas – e em fazer o amor dar certo.

Temos a tendência de nos sentirmos um pouco desconfortáveis em misturar necessidades materiais com nossas esperanças espirituais e anseios românticos. Sentimo-nos pressionados a dizer que não há ligação. Que rude – tememos – pensar que talvez pudesse haver. Somos herdeiros de uma tradição romântica que diz para não nos preocuparmos demais com isso. Essa forma de pensar focaliza nossa atenção nos casos célebres: um cara pobre que é muito atraente; o homem rico que é pedante e vazio; um casal feliz e depauperado em contraste com um casal rico e infeliz. Porém, uma de nossas mais famosas escritoras "românticas" teve uma visão bem mais pragmática sobre como dinheiro deveria se relacionar com amor.

ii. A resposta de Jane Austen

A longo prazo, e para a maioria das pessoas, o amor (e, por implicação, sexo, embora Jane Austen seja demasiado refinada para falar disso diretamente) se beneficia de uma condição econômica saudável. Isso não é uma lei da natureza, claro, e há exceções.

A grande tentação é ler o contrário. Jane Austen não está dizendo que, por si só, o dinheiro vai trazer amor e uma boa vida sexual. Ela apoia a abordagem do ingrediente em relação ao dinheiro: ele pode ser muito importante quando combinado com outras coisas boas; por si só, não leva você a lado algum. O indivíduo mais rico de todas as suas obras é o sr. Rutherford, o proprietário de terras fraco de espírito em *Mansfield Park*. Seu casamento é um fracasso total.

Jane Austen acredita que relacionamentos fortes, estáveis e satisfatórios requerem diversas fundações seguras, e a econômica é apenas uma delas. Ela também é muito específica sobre o quanto de dinheiro as pessoas precisam. Por exemplo, em *Razão e sensibilidade*, ela casa Elinor Dashwood com Edward Ferrars. Eles têm um orçamento conjunto de cerca de 850 libras inglesas por ano, que é o menor orçamento de todas as suas heroínas casadas. Mas mesmo assim ainda é bastante pelos padrões usuais daquela época. E uma parte significativa da história acaba por ser sobre eles terem o suficiente – e qual é realmente a definição apropriada de "suficiente". Também nos é mostrado que essas duas pessoas têm as qualidades de mente e caráter que lhes permitirão "satisfazer todas as suas vontades" com essa renda.

O anti-herói desse romance, Willoughby, tem dinheiro suficiente para um estilo de vida muito confortável. Mas é extravagante e negligente. Quando realmente se apaixona – por Marianne Dashwood –, o casamento é impossível porque ele gastou todos os seus recursos. Willoughby, então, tem de se casar com o dinheiro para liquidar suas dívidas, e Marianne não é um partido suficientemente bom de um ponto de vista financeiro. Jane Austen lhe fornece uma herdeira rabugenta, como o castigo perfeito.

Charlotte Lucas, a vizinha dos Bennet em *Orgulho e preconceito*, se casa com o abastado sr. Collins. Mas um bom relacionamento é impossível porque Collins carece de tantas outras qualidades necessárias.

Jane Austen está tentando nos ensinar uma lição: o dinheiro é *necessário*, mas não *suficiente*. Mas ela também está nos alertando de que a questão de *quanto* é preciso é crucial. Quando você diz que dinheiro é importante, isso tende a gerar a impressão de que você está dizendo "quanto mais, melhor". Mas essa não é de maneira alguma a intenção da autora.

A abordagem do ingrediente nos força a prestar atenção nas proporções. Se você tiver a atitude certa, um pouco de dinheiro já ajuda muito; se você tem a atitude errada, mesmo muito dinheiro não irá ajudá-lo.

Casar só por dinheiro não é de maneira nenhuma o mesmo que levar a sério a base econômica de um relacionamento. Mas será que isso não vai contra a ideia básica de que deveríamos seguir nossos corações no que diz respeito a relacionamentos? Isso parece mercenário.

Bem, de fato parece um pouco. Mas é essa a conclusão a que você deveria chegar quando observa relacionamentos. Duradouros, suficientemente estáveis, suficientemente suportáveis, relacionamentos são realizações humanas complexas. Eles têm algo em comum com amizade e algo em comum com sociedade nos negócios.

Portanto, seu parceiro de casamento em perspectiva diz: "Se não fosse por dinheiro, você não se casaria comigo." O que é importante para ambas as partes entenderem é que casamento é um empreendimento bastante complicado. A resposta razoável é: "Eu *gostaria* de me casar com você independentemente do aspecto financeiro. Mas consideraria insensato. Nem tudo o que quero fazer é – no longo prazo – uma boa ideia." Considere isso de outro ponto de vista. Nem toda boa ideia é emocionalmente atraente. Para mim, pode ser uma ideia muito boa se casar com alguém que tem instinto financeiro sensato e bens sólidos, mesmo que o relacionamento seja um pouco menos atraente em outros aspectos.

A meta de um relacionamento é que ambas as pessoas prosperem juntas. E como o dinheiro é um ingrediente crucial da prosperidade, é também um ingrediente crucial do casamento.

iii. E quanto ao sexo?

De pouca ajuda é a imagem do homem rude e muito rico que obtém os favores de uma parceira deslumbrante apenas em razão de seu dinheiro. Mas dinheiro tem outras conexões, mais benignas, com felicidade sexual:

1. Para algumas pessoas, dinheiro é afrodisíaco. Não é mistério. Dinheiro representa imaginariamente status e sucesso futuro. É de se esperar que essas coisas estejam ligadas a apetite sexual.

2. Dinheiro compra luxo, privacidade e estímulo sensual. Em relacionamentos modernos o comportamento sexual está comprometido pela falta de tempo e oportunidade. Se

simplesmente pudéssemos ir a um hotel elegante, deixar as crianças com uma baby-sitter, comprar as roupas e ter o corte de cabelo que faz com que nos sintamos bem com nós mesmos...

3. O dinheiro reduz a fragilidade de um relacionamento. Quando há um investimento conjunto de grandes bens, a separação é mais difícil – embora, obviamente, não impossível. Boas relações possuem muitos episódios angustiantes quando alguém tem vontade de sair porta afora. Mas o dinheiro é uma boa razão para que se fique e incentiva o casal a superar os problemas temporários.

4. De maneira mais especulativa, talvez ter bastante dinheiro deixe as pessoas mais relaxadas em relação à natureza humana. Portanto, a ocasional infidelidade ou o prazer furtivo não será particularmente chocante ou problemático. (Mas, honestamente, não sei se esse é o caso.)

Essas considerações ajudam a explicar a importância do dinheiro no casamento. Quando um relacionamento vai mal, muitas vezes a infelicidade sexual é um dos fatores; por essa razão, qualquer coisa que melhore o sexo melhora o casamento. A parceria do casamento permite um fardo desigual de criação de riqueza: idealmente, uma pessoa que seja muito boa em criar riqueza entra em parceria com alguém que é muito bom em prosperar – eles têm talentos e virtudes que lhes permitem aproveitar ao máximo as oportunidades para eles mesmos e para os que estão ao seu redor.

Essa é uma excelente combinação porque permite um grau de especialização, enquanto aumenta as vantagens. Portanto, cada pessoa usufrui das vantagens tanto da criação de riqueza quanto da prosperidade. E sugere que ao buscarmos o companheiro "certo" não deveríamos ter medo de considerar dinheiro e atitudes em relação a dinheiro.

Minha própria experiência mostra que preocupações com dinheiro podem causar conflitos terríveis nos relacionamentos. Receio ter prejudicado a vida de Helen por não ter ganhado mais dinheiro. E há colisões de estilos: gosto de esbanjar; ela é muito mais contida. Por exemplo, gosto da ideia de ir a restaurantes requintados; ela prefere o lugar modesto e familiar da esquina, ou uma canja de galinha em casa. (E ainda é mais difícil lidar com isso tudo porque nossos ganhos apontam para as direções opostas a esses gostos pessoais. Falando financeiramente, ela "merece" os guardanapos engomados, eu não. Confesso que uma parte de mim ainda se ressente disso.) Às vezes todos nós queremos gritar: "Por que você não é mais parecido comigo?" Mas tive de reconhecer que teria sido fatal ter me juntado a alguém que fosse como eu. Juntos, a "minha versão feminina" e eu teríamos nos afundado em um mar de dívidas de cartões de crédito. O preço da salvação tem sido o conflito. Mas o sofrimento é muito menos sério do que a alternativa.

3. Inveja como educação

Well Walk, em Hampstead, é uma das ruas antigas mais atrativas nos subúrbios da região norte de Londres. Eu particularmente gosto do extremo mais próximo a Hampstead Heath. Você percebe a presença de florestas e campos mas se sente parte de uma grande cidade. É uma rua bem estreita; as casas são amigavelmente próximas umas da outras e agradavelmente diversificadas. Eu adoraria viver ali. Sonho com um grande apartamento de andar térreo com pé-direito alto, uma biblioteca com estantes elegantes; os quartos das crianças ao final do corredor, ao virar de uma esquina; um fogão Aga na cozinha; um jardim com uma cerca viva alta e um caminho de grama fresca e alta; conversas com amigos inteligentes e uma garrafa de vinho branco nas noites de verão; recolher-me num grande sofá diante da lareira no inverno.

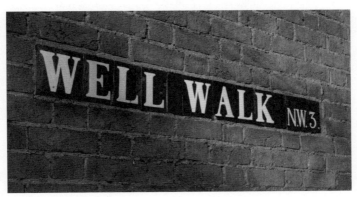

Invejo as pessoas que vivem aqui.

Esse é um momento representativo na história privada de experiências com dinheiro. Você vê algo que realmente quer – algo que fala à sua alma sobre seu próprio bem-estar e a prosperidade das pessoas com quem mais se importa. É muito inquietante porque você percebe que isso lhe é absolutamente impossível.

Por um lado é um sonho muito bom e razoável. Deixe de lado os preços das propriedades por um momento. O que eu imaginei é, eu acho, um retrato bastante decente de felicidade familiar. Não é ganancioso nem ostentoso. Tenho certeza de que minha esposa e meus filhos adorariam se mudar para lá. Esse tipo de ambiente nos cairia muito bem.

Mas tudo isso está absurdamente além de meu atual alcance financeiro. Eu iria precisar (suponhamos) de cinco vezes o meu salário atual. É (apenas) um projeto concebível. Mas eu teria de me reinventar inteiramente como fazedor de dinheiro antes de poder gastar dessa maneira. Teria de ter outra carreira, uma atitude diferente em relação a trabalho. Teria de me treinar novamente, me remodelar, me arriscar e ter um longo tempo pela frente.

O que fazer com esse tipo de experiência

1. Levar a sério

Acontece muito – folheando uma revista, lanço os olhos num artigo sobre uma mulher que tem: (*a*) uma carreira bem-sucedida como advogada; (*b*) dois filhos; (*c*) ideias saudáveis e significativas sobre política; (*d*) uma casa de férias na Borgonha; (*e*) um fantástico bom gosto para roupas de trabalho.

Inveja como educação   75

Olhando para as pessoas em um aeroporto, invejo: (*a*) a aparente concentração de alguém com um livro interessante; (*b*) a reserva e serenidade natural; (*c*) as malas bonitas; (*d*) as roupas simples e elegantes; (*e*) que uma pessoa sexy chegue – e seja sua companheira; e (*f*) que estejam viajando de classe executiva.

Em vez de rejeitar esse tipo de experiência como sendo somente uma fantasia, ou não parar de pensar nela, devíamos examiná-la, aprender com ela. Não rejeitá-la significa, para começar, aceitar um pouco de sofrimento. Imaginei algo genuinamente bom e não posso tê-lo. Não vou dizer para mim mesmo que isso não é bom simplesmente porque não posso tê-lo. Esse sentimento de rejeição emerge – um pouco cruelmente – quando coisas verdadeiramente boas são consideradas como "elegantes" ou "esnobes".

Ficar de luto é um conceito útil aqui. Quando uma pessoa morre, sabemos que temos de levar a tristeza a sério. Não vamos fingir que a pessoa não morreu ou que isso não importa. Num assunto menos intenso mas também importante, deveríamos lamentar a perda de outras coisas que amamos. Well Walk realmente merece ser amado, e deveríamos ficar entristecidos pela raridade de tais lugares e pela perda da vida que (a imaginação nos diz) poderíamos ter tido.

2. *Respeite a distância entre esse tipo de experiência e seu vizinho psicológico: a fantasia da riqueza*

Se eu de repente ganhasse um bilhão de libras, eu... compraria um grande terreno em Perthshire e construiria minha casa perfeita: uma versão mais doméstica do Blenheim Palace, menor e com um jardim encantador no pátio principal. Não iria mandar meus filhos para a escola, mas os educaria em casa. Fingiria ficar aborrecido quando eles corressem pelos salões ou andassem de bicicleta até a biblioteca, mas na verdade iria me deleitar com sua liberdade ao redor dos quadros originais de pintores como Claude Monet e Poussin, e iria sorrir quando eles arranhassem a mobília. Compraria mais! Teria uma piscina em pedra de porfírio, um jatinho, um palácio em Veneza, um ninho de amor em Nova York...

Qual é a diferença entre isso e o sonho de um apartamento na Well Walk? O palácio é fantasia pura. Na verdade, não faço a mínima ideia do que aconteceria se eu de repente tivesse uma riqueza imensa; talvez me tornasse um monstro de ganância e autoindulgência. É um divertimento escapista. Sua função é para me permitir ignorar a realidade, durante um breve momento.

Mas a experiência em Well Walk não é escapista, embora, num estado de ânimo desdenhoso, eu pudesse ficar tentado a pensar que fosse. Isso tem algo útil (mesmo que um pouco difícil) para me dizer sobre os verdadeiros ingredientes de uma vida boa. Se colocarmos no mesmo lote a experiência de Well Walk e o sonho do bilhão fácil, perdemos de vista o que a Well Walk tem para nos dizer.

3. *Seja criativo*

No caso da Well Walk, o roteiro já está evidente. Está claro como você deve usar os elementos fornecidos pelo roteiro para ter uma vida boa. É a clareza e a confiabilidade do roteiro que atraem. A atração é forte por essa razão – porque você pode ver claramente como seria feliz ali; ou por que seria agradável ser como o casal no aeroporto ou a mãe advogada.

Tentar copiá-los fielmente pode não ser a solução. E não se trata de a inspiração ser baseada nas coisas que admiramos. Imagine o caso de um romancista que adora *Guerra e paz*, de Tolstoi. Essa grande obra é sobre o impacto que a invasão da Rússia por Napoleão teve sobre um grupo de famílias aristocratas, em 1812. Portanto, o romancista moderno talvez pense: "É sobre isso que eu também devia escrever." Ele começa a ler sobre a Moscou do início do século XIX. Mas quase certamente essa não é a melhor abordagem. Sob a superfície, *Guerra e paz* é inspirador devido à maneira como Tolstoi aborda as vidas privadas de seus personagens e o fervor de sua compaixão. E essas grandes qualidades podem ser isoladas do cenário histórico específico da ação. Em vez de imitar os traços superficiais, devíamos tentar reproduzir as virtudes subjacentes.

As coisas que prendem a nossa atenção inicial são como o cenário histórico de Tolstoi. As malas, a passagem de classe executiva, a rua em Hampstead, a casa de férias na Borgonha e a carreira bem-sucedida na advocacia são apenas superfícies; não são realmente o que deveríamos reproduzir.

O que importa é o que está por trás delas: o senso de tranquilidade; o aconchego; as ideias de realização e competência; boa organização e uma vida familiar amorosa. Nosso romancista moderno pode acabar escrevendo sobre um grupo de professores na Glasgow dos anos 1970. E o livro poderia ser "tolstoiano" – por sua abordagem de caráter e experiência – sem uma única sugestão a Rússia ou Napoleão.

As coisas parecem ter mais valor quando são endossadas por outros e assim ganham uma marca de qualidade. Portanto, em vez de deixar a falta de dinheiro ser um peso, você precisa pensar criativamente em função do que já tem. Não evite a inveja. Não temos todos nós fantasias mais ou menos como "Ah, se eu morasse ali ou tivesse aquelas coisas minha vida seria maravilhosa"? Mas quando você analisa o real significado disso tudo, muitas vezes acaba percebendo que não é realmente um desejo por mais riqueza, mas a ideia de escapar de algumas das partes mais mundanas de sua vida atual; aquela sensação de "começar de novo" e ser uma pessoa ligeiramente diferente, ligeiramente melhor.

V. Criando ordem

1. Necessidade *versus* Querer

O conhecimento do que realmente precisamos é precioso. A clareza, aqui, alimenta a resolução: nossas energias encontram um foco melhor.

Costumamos invocar a distinção necessidade-desejo para diminuirmos nossas esperanças e nos disciplinarmos para metas mais modestas (e mais saudáveis e mais alcançáveis). Você realmente precisa de uma casa na praia ou um carro esporte ou jantar em um restaurante famoso? Não – esses são meramente desejos. São agradáveis, mas não necessários. Portanto, se queremos ser sensatos quanto a dinheiro devíamos resistir ao impulso de seguir nossos desejos e, em vez disso, nos concentrarmos em ter aquilo de que precisamos.

Necessidade é algo mais profundo – vinculado à narrativa séria de nossa vida. "Será que eu preciso disso?" é uma maneira de perguntar: o quão importante é esta coisa, o quão central ela é para eu me tornar uma versão melhor de mim mesmo? *Para que* serve realmente em minha vida? Esse questionamento é concebido para distinguir necessidades de meras vontades. E essa é uma boa distinção a ser feita.

Mas é importante ver que isso não é o mesmo que a distinção de "modesto *versus* grandioso". Nossas necessidades nem sempre são do menor, inferior e mais barato.

Um primoroso violinista pode precisar de um arco com um preço estratosférico. Mas está correto chamar isso de uma necessidade – e não somente um desejo. Devo enfatizar aqui que "necessidade" não quer dizer que você precisa disso para *sobreviver*. O violinista precisa do arco porque este tem um papel central a desempenhar na sua vida. O músico dedicou grande parte da vida a adquirir a perícia e a sensibilidade que tal arco caro e refinado exige e recompensa. Portanto, esse objeto irá deter uma posição importante e profunda na vida dessa pessoa. Ela estaria errada se dissesse: "Ah, é muito caro, não preciso realmente dele."

Portanto, não significa que você sempre possa comprar o que precisa. E, então, isso proporciona um apropriado e profundo motivo para ganhar mais dinheiro. Idealmente, a renda adequada é aquela que permite satisfazermos as nossas verdadeiras necessidades.

Quando entendemos "necessidade" dessa maneira, ela revela o que está errado quando as pessoas buscam luxos de que *realmente* não precisam. Essas compras não irão ajudá-las a evoluir nem prosperar. Isso não significa necessariamente que sejam inúteis, mas que o indivíduo em questão carece da habilidade ou sensibilidade para usá-las adequadamente.

Ganância é um dos termos centrais do vocabulário ético moderno. Ganância não é o desejo por ter mais do que as outras pessoas têm – que é como tendemos a usá-lo. Não é necessariamente ganancioso querer uma casa linda, se você amá-la por sua beleza – mesmo que isso talvez queira dizer que se quer algo muito mais caro do que a maioria das pessoas consegue comprar.

i. Como diferenciar necessidade e desejo?

A maneira de fazer essa distinção é perguntar de que fazem parte *desejo* e *necessidade*. Em última instância, se está perguntando: quão *sensato* – inteligente, importante de modo prático – é ir em busca dessa coisa? E a força de nosso anseio imediato é apenas um guia muito rígido e às vezes muito enganoso para responder a essa questão. Onde se encaixa em minha vida o objeto em consideração? Qual é a dimensão do papel que ele deveria desempenhar em minha vida? Quão central/essencial ele é para o meu projeto de viver uma vida boa e ser uma melhor versão de mim mesmo?

Pergunte a si próprio: "Até que ponto será bom para mim ter essa coisa em minha vida?" Em outras palavras, a distinção necessitar/querer vai bem ao âmago de questões sobre identidade, ética e o significado da vida. Não se pode lidar adequadamente com dinheiro a não ser pensando seriamente nessas coisas.

Por exemplo, tenho paquerado uma mesa de canto do século XVIII na vitrine de um antiquário local. Em nossa sala de estar há um sofá de frente para a lareira. De ambos os lados do sofá, temos uma mesinha com um abajur. É um arranjo de que gosto muito. Quando temos gente para jantar começamos servindo drinques nela. Gosto do fato de ser uma sala elegante e bastante formal. Sinto que expressa uma parte importante de meu caráter e que transmite algo bastante profundo sobre como vejo a vida. Expressa uma ideia sobre vida social e conversa. Mas o fato é que as duas mesas que temos não combinam muito bem. Uma é bem melhor que a outra. A que está à venda na vitrine da loja ficaria muito melhor com o padrão e estilo de minha sala. Portanto, levando tudo em consideração, diria que precisamos dessa mesa. Embora haja aqui um sentido completamente óbvio de que podemos viver sem ela, acho que é certo que devemos tê-la. Há algo substancial que quero fazer com ela em minha vida. Isso não é uma aquisição fortuita. Faz parte da criação de um ambiente que incorpora valores pelos quais vivo e que levo a sério. Aprecio as qualidades e os méritos particulares da mesa.

Preciso desta mesa, embora possa viver sem ela.

Necessidade *versus* Querer   85

No entanto, decidi que não posso comprar a mesa. Mas não quero desistir de tê-la. Não quero me disciplinar na crença de que, porque não posso comprá-la, não me importa tê-la ou não.

É importante entender que "necessitar/querer" não está ligado a "básico/refinado" ou "barato/luxuoso". E por fortes razões, "necessitar/querer" é uma distinção psicológica relativa à prosperidade individual e à busca do melhor em nós. "Básico/refinado" é uma distinção quanto ao nível de complexidade de um objeto. "Barato/caro" é uma distinção que tem a ver com preço e demanda.

A estratégia essencial que estou recomendando, então, é contraintuitiva (mas importante): primeiro temos de trabalhar nossas necessidades, sem referência a preço. É inteiramente possível que você talvez não possa comprar certas coisas de que precisa. Também é possível que, mesmo quando algo é acessível e desejado, ainda possa ser má ideia comprá-lo. De fato, isso é o que torna acessíveis recursos para os projetos mais importantes. Portanto, aqui se deveria desenvolver uma hierarquia interior. O que é, na verdade, uma redação, um relatório sobre a prosperidade e o desenvolvimento de alguém imaginados ao longo da vida.

ii. Necessidades superiores, médias, inferiores

É um surpreendente infortúnio da cultura moderna que as *necessidades* tendam a ser associadas com sobrevivência física. Basicamente, você tem um direito profundo àquilo de que precisa, enquanto obter o que você quer é um assunto completamente diferente.

As necessidades podem ser divididas em três tipos básicos:

Superiores Nobres/Intrínsecas	Médias Sociais/Comparativas	Inferiores Básicas
As coisas de que você precisa para prosperar como indivíduo, para ser a melhor e mais autêntica versão de si mesmo.	O que alguém requer para ganhar o respeito da sociedade – o qual é relativo àquela sociedade.	O que alguém requer para sobreviver como cidadão – alimentação saudável, abrigo seguro, emprego.

As necessidades superiores incluem: amizades profundas; uma missão na vida; estilo pessoal; maturidade emocional.

Necessidades médias incluem: um trabalho bem pago; roupas da moda; viagens exóticas; relacionamento com pessoas de padrão de vida elevado.

Pode ser bastante difícil descrever e identificar uma necessidade superior, porque é mais complexa e esquiva. Mas mesmo assim é uma necessidade – ou seja, ainda é vital para a sua prosperidade. Mas é frequente subordinarmos essas necessidades a demandas mais óbvias.

iii. Distinguir entre necessidades médias e superiores

Necessidades de ordem média de sociabilidade, status na comunidade e ligação com outras pessoas – estar inserido em sua sociedade – diversas vezes estão muito intimamente ligadas ao dinheiro. De certa forma, esses são os bens mais frequentemente cobiçados. É precisamente nesses termos que dinheiro e felicidade parecem estar conectados, porque dinheiro é um meio direto de obter mais bens de ordem média. Mas, ironicamente, bens de ordem média estão sujeitos a um horizonte que tende a desaparecer. Ou seja, quantos mais deles você obtém, mais consciente você fica do pouco que tem.

Na obra *Em busca do tempo perdido*, Marcel Proust dá o exemplo perfeito: você conhece uma pessoa entediante e irritante e fica cheio de vontade de ir às festas certas, onde poderá conhecer as pessoas certas. Finalmente, você vai à festa, mas as pessoas certas ali não irão convidá-lo para as festas deles. Finalmente, você é convidado, mas constata que o anfitrião também oferece almoços muito mais cobiçados. Finalmente, você é convidado – e encontra a pessoa entediante e irritante com quem ficou conversando na primeira festa.

O passo crucial de desenvolvimento nas vidas econômicas de indivíduos e sociedades é sua capacidade de passar da busca de bens de ordem média para bens de ordem superior. Às vezes precisamos diminuir nossa dependência dos bens de ordem média, como o status e o glamour, para nos concentrarmos em coisas superiores. Isso não implica mais dinheiro; implica mais independência de mente.

Necessidades superiores são muitas vezes satisfeitas de maneiras indiretas. Aquilo de que realmente precisamos é tempo, espaço mental, entendimento, um grau de engajamento com as mentes e as vidas de outros.

iv. Os custos indiretos das necessidades superiores

Ler *Mansfield Park* (para continuar com o tema Jane Austen) ou *Guerra e paz* requer não somente um exemplar da obra, que pode ser comprado por quase nada, mas o tempo para se dedicar a lê-los lenta e concentradamente; o espaço interior de ser capaz de ir para a cama uma hora mais cedo, ou de ficar na banheira ou se sentar em um café ou em um parque – e não ficar inquieto e rondando ansiosamente de um lado para o outro. E são necessários os recursos para se demorar no conteúdo. Porque as obras não conseguem satisfazer suas necessidades superiores, a não ser que você traga muito de si mesmo para se entrosar com elas.

Necessidades superiores não são extravagantes nem pretensiosas. A necessidade de ser compreendido, de criar coisas de valor, de satisfazer as vidas interiores de outros, de refinar suas emoções: esses são interesses do dia a dia. E eles são esgotados – atendidos ou deixados sem ser atendidos – conforme atravessamos nossos dias tentando nos dedicar às nossas necessidades mais óbvias.

v. Necessidades superiores e status

Uma casa elegante em uma rua agradável satisfaz uma necessidade superior, embora seja frequentemente confundida com uma necessidade social de ordem média. Os termos "elegante" e "esnobe" muitas vezes iluminam essa confusão. Eles se referem a pretensões sociais – isto é, a um problema de necessidades de ordem média. Há pessoas que querem se sentir socialmente superiores, por isso compram uma casa enorme; querem sentir que estão se envolvendo com pessoas *top*, então vão a restaurantes de luxo ou compram ingressos para a ópera; querem ser vistas como cultas, então colecionam obras de arte. E, essencialmente, a crítica a "elegante" e "esnobe" é de que estão fazendo essas coisas somente como um meio de adquirir status. E desde que seja isso mesmo que elas estejam fazendo, a crítica está certa. Mas, geralmente, isso constitui um rude instrumento de ataque. Não reconhece que o compromisso com a ópera, o restaurante, a casa ou as obras de arte pode ser motivado por necessidades superiores. A linha da crítica, basicamente, é de que as "necessidades superiores" são sempre *realmente* sobre status. E isso é falso; mas é uma questão complexa porque muitas vezes as pessoas de fato compram apenas por status os bens que deveriam servir como necessidades superiores. Mas a solução não é obter avidamente os objetos em si, mas ter muito mais discernimento quanto aos tipos de motivos que estão em jogo, e ficarmos muito mais aptos para distinguir o que é uma motivação válida daquela que não é. E a chave para essa distinção está em ter um conceito claro da diferença entre os interesses de ordem média e os de ordem superior.

Pode ser que a busca por status seja um impulso inescapável da natureza humana. Se isso é verdade, então deveríamos procurar melhorá-lo, em vez de tentar eliminá-lo em vão. A melhora ligaria o status às coisas certas. Não está errado admirar alguém, ou pensar nele como invejável. O que devemos perguntar é por que o admiramos, e o que invejamos. Se alguém tem status elevado por ser sábio, generoso, sensível à beleza e por suscitar o melhor nos outros, então seu status é totalmente merecido. Se invejarmos essas qualidades, e por isso procurarmos adquiri-las, então a inveja está desempenhando um papel produtivo na vida. Mas se pensarmos em status baseados no tipo de cartão de crédito que um indivíduo tem, ou qual escola ele frequentou, ou que tipo de carro ele dirige, então o status não se alinha com o mérito. Em geral, tendemos a encarar a inveja como algo corrosivo e a ser evitado. Mas ela pode ser valiosa – se a nossa inveja nos coloca na direção certa.

Status é um fenômeno de grupo; ocorre porque, dentro dos grupos, as pessoas de fato têm a tendência a olhar para cima ou de cima, a admirar ou desdenhar. Alguns indivíduos são coletivamente encarados como sendo o melhor tipo de pessoa, e outros são coletivamente vistos como necessitados. Mas é variável como o status é distribuído. Num grupo rude e mesquinho, o status estará relacionado a modos péssimos. A pessoa mais agressiva, insensível e estupidamente arrogante será a que tem mais status. Num grupo refinado e sério, o status refletirá os méritos interiores de um indivíduo.

O que isso significa é que precisamos desesperadamente encontrar o tipo certo de companhia. Não podemos, como indivíduos, controlar os processos de atribuição de status de sociedades inteiras. Nos círculos que escolhemos, porém, podemos esperar encontrar e criar uma boa distribuição de status.

A ansiedade por status nutre preocupações com dinheiro. Status em si não é bom nem ruim. Tudo depende do que é considerado indicador de status – isso pode variar do completamente superficial (modelo do carro, cor do cabelo) até o sábio e profundo (discernimento, bondade). Nosso dever para com nós mesmos e com as outras pessoas é tentar cutucar a base sobre a qual o status é atribuído, deslocando-a do superficial para a parte profunda do espectro. E conforme fazemos isso, descobrimos que nos preocupamos cada vez menos com dinheiro e entregamos nossos pensamentos ao que deveria ocupar nossa atenção: a verdadeira base de uma vida boa.

2. De quanto preciso?

Tente descrever do que você realmente precisa para ter uma vida próspera – incluindo responsabilizar-se por outros. É importante ser explícito quando se dedicar a esse exercício. Ainda não é sobre custo.

O desejo de ser realista significa que cortamos possibilidades antes de termos tido tempo de pensá-las detalhadamente e percebermos qual versão delas poderia ser viável. Em outras palavras, temos a tendência de ser realistas quanto ao que podemos comprar. Mas primeiro devíamos ser realistas sobre aquilo de que precisamos.

Na verdade, há um processo de refinamento, pelo qual você identifica quais são os elementos fantasiosos e quais os reais – isso toma tempo, mas pode levar a ganhos cruciais em autoconhecimento ou conhecimento coletivo. Portanto, para a maioria das pessoas não vai fazer qualquer sentido dizer: "Preciso de um jatinho privado." Porque, embora isso seja ótimo, não há muita gente que realmente precise viajar com frequência em velocidade máxima para poder prosperar.

Agora tente estimar o *custo* do que você precisa para prosperar.

Aqui está uma análise de níveis de despesas para a prosperidade de minha família. É uma tentativa de perceber de quanto dinheiro minha mulher e eu verdadeiramente precisamos, ano após ano.

92   Como se preocupar menos com dinheiro

Necessidade	Itens	Mínimo (em dólares australianos)	Necessidade real (em dólares australianos)	Ideal expansivo (em dólares australianos)
Um lugar conveniente para viver	Uma casa linda (no estilo antigo de que gostamos, suficientemente grande); localização adequada para o trabalho e a educação das crianças	27.000 (como custo anual pela propriedade)	55.000	125.000
	Manutenção anual e melhorias	1.000	5.000	10.000
	Manutenção do jardim e melhorias	Fazemos nós mesmos	2.500	10.000
	Conteúdo interior (pinturas, antiguidades, peças decorativas)	Ok com o que já temos	12.500	50.000
	Serviços (seguro, tecnologias de informação, telefones, eletricidade, água)	6.500	6.500	10.000
	Impostos	650	1.250	1.850

De quanto preciso? 93

Necessidade	Itens	Mínimo (em dólares australianos)	Necessidade real (em dólares australianos)	Ideal expansivo (em dólares australianos)
Viagens (sem contar as de trabalho)	Viagem de família para a Europa (passagem aérea econômica, um bom lugar para alugar)	Não vamos	24.000	85.000
Esporte e forma física	Inscrição e mensalidades num clube de tênis, ioga, pilates, aulas de vela	2.000	5.000	5.000
Educação dos filhos		5.000	24.000	24.000
Poupança para a educação futura dos filhos		2.000	20.000	85.000
Brinquedos das crianças		500	2.000	2.000
Roupas		1.000	3.500	12.500
Comida e bebida		7.000	10.000	25.000
Comer fora	Com baby-sitter	Ficamos em casa	2.500	5.000
Contribuições para pensão		Cuidamos disso futuramente	22.000	100.000
TOTAIS	Salário necessário com impostos	52.650	195.750	550.350

94   Como se preocupar menos com dinheiro

Em vez de tentar cortar as despesas, a ambição aqui é ser o mais rigoroso possível quanto às coisas de que precisamos para a nossa prosperidade – aceitando plenamente que podemos não ser capazes de comprar o que de fato precisamos. É aflitivo. Quando olho para esses cálculos fico um pouco desesperado. Estamos muito mais perto da coluna "mínimo" do que da coluna "necessidade real", e a do "ideal expansivo" parece estar muito distante. Mas o sentido do exercício não pretende ser de auto-humilhação. Pretende ser um sóbrio aferidor da realidade. Com isso em vista, podemos prosseguir para avaliar o que precisamos fazer para nos aproximarmos da satisfação de nossas necessidades reais.

Quero analisar alguns casos em que as pessoas que conheço ajustaram seu modo de vida para refletirem suas necessidades. Não é que, no geral, elas gastem menos agora. Tem a ver com o fato de concentrarem seus gastos no que lhes é mais importante.

i. Derek e Jasmine

Derek e Jasmine são há muito tempo fascinados por arquitetura. No entanto, não é que simplesmente gostem de apreciar edifícios ou ler revistas de decoração. Querem viver em edifícios interessantes. Mas em Londres isso estava completamente fora de sua realidade; portanto, há cerca de três anos, tomaram a grande decisão de se mudarem para a parte rural da França. Estavam tentando encontrar um lugar onde pudessem morar no que realmente seria uma casa grandiosa, considerados seus limitados recursos.

A mudança foi difícil em alguns aspectos, porque implicava deixar alguns amigos íntimos, e Derek teve de mudar de carreira.

Estavam apostando em autoconhecimento. Assumiram a perspectiva de que era realmente importante morarem em uma casa muito antiga e razoavelmente grande com um pomar. Perto de Londres, isso teria custado milhões de libras. Na Normandia, o preço foi radicalmente inferior. Mas tinham de acreditar que esse tipo de ambiente lhes era tão importante que deveriam buscá-lo – mesmo que isso implicasse abrirem mão de outras coisas.

ii. A família Jenning

Os Jenning decidiram deixar de celebrar o Natal e os aniversários para que pudessem ter férias extremamente interessantes. Para seus filhos era bastante difícil, pois tiveram de enfrentar muitos momentos embaraçosos com os grupos de amigos e colegas – nunca tinham bicicletas novas, não tinham os aparelhos eletrônicos e os brinquedos complexos que os amigos tinham. O jogo, no caso deles, era a crença de que passar tempo juntos cruzando a Escócia ou visitando as ruínas clássicas da Turquia faria mais por sua prosperidade coletiva do que ganhar um monte de presentes.

Em cada um desses casos havia um compromisso com algo que custava muito dinheiro. Derek, Jasmine e os Jenning estavam se questionando, de uma maneira obstinada: *O que para nós é realmente importante fazer ou ter?* Deveríamos nos guiar pelo exemplo deles:

Faça a seguinte pergunta a si mesmo: A longo prazo, quais são as atividades, experiências e bens nos quais eu deveria me concentrar?

Férias são mais importantes do que presentes? O tipo de casa em que moro é mais importante do que sua localização? Entre as muitas coisas que queremos, quais são as mais importantes para a nossa prosperidade? (Elas deveriam ser classificadas como necessidades.)

Depois pergunte: Que desejos tenho que são, de fato, menos fundamentais para o meu bem-estar a longo prazo? Pode ser difícil tomar essas decisões. Elas requerem rebaixar determinadas vontades e deixá-las não realizadas. Mas esse é o preço de concentrar recursos financeiros nos lugares mais importantes.

3. Preço *versus* Valor

Um problema com o processamento de custos é que muitas coisas não têm preços estabelecidos. Suponhamos que para você é realmente importante viver em ambientes bem mobiliados. Quanto custa isso? Bem, em parte depende de sua habilidade em procurar e comprar o que você gosta. A mesma cômoda pode custar quatro vezes mais em um distribuidor do que em outro.

Preço é um assunto público – uma negociação entre oferta e procura. O preço de uma coisa é estabelecido em concorrência. Por isso o preço de um carro é determinado por quanto algumas pessoas o querem, quanto estão dispostas a pagar, e quão preparado o fabricante está para vendê-lo. É uma atividade pública: inúmeras pessoas estão envolvidas no processo, mas sua voz quase nunca é importante na determinação do preço.

Valor, por outro lado, é um julgamento pessoal, ético e estético – atribuído finalmente por indivíduos e fundamentado em sua percepção, sabedoria e caráter.

Quanto valor rende uma dada quantidade de dinheiro? Qual é o "valor de retorno"? Sabemos que isso varia enormemente. Algumas pessoas são capazes de transformar quantidades de dinheiro comparativamente pequenas em experiências extraordinárias. Elas têm férias maravilhosas, hospedam de maneira encantadora, têm pinturas interessantes e você gostaria de roubar sua mobília. E fazem isso com um orçamento menor do que você imagina (ou que você

Wilhelm Ferdinand Bendz: *Os irmãos do artista* (1830)
Não se preocupe com um carpete; compre uma camiseta linda; nada de desordem; tome bastante cuidado ao pintar as paredes.

ou outras pessoas poderiam). Essas personagens são talentosas. Não estão necessariamente tentando poupar dinheiro.

Aqui estão os segredos de pessoas assim:

1. Elas sabem o que é importante para tornar um evento inesquecível e o que não é. Por exemplo, em um jantar a maioria das pessoas não se importa realmente com o vinho desde que seja bebível.

2. Elas não seguem a moda – o que inflaciona os preços. Julgam objetos, ideias e pessoas pelos seus méritos intrínsecos (em vez de pelo reflexo de seu status – o que os outros pensam).

3. Elas têm bom gosto: conseguem se aprofundar no que realmente gostam e por que gostam, e assim identificam isso nos lugares e casos menos óbvios.

4. Elas são criativas: olham o potencial e não estão preocupadas em assumirem responsabilidade pela realização do potencial. Elas têm motivação interna e faro para fazer isso.

Essas qualidades – que não são diretamente ensinadas em aulas de economia – têm uma importância crucial em nossas vidas econômicas.

Dinheiro é (repetindo) um meio de troca. Dinheiro precisa ser trocado por – ou traduzido em – valor. Mas essa troca é frequentemente uma arte, e só às vezes uma ciência. Essa arte envolve sabedoria e inteligência em obter as coisas que lhe importam. Por exemplo, qual é o custo de um jantar? De uma sala linda? De uma grande pintura? De roupas atraentes? Esses não têm custos fixos, porque dependem de nossa criatividade, desenvoltura e independência psicológica.

Suponha, no entanto, que está dizendo para você mesmo: "Isso é tudo muito bonito, mas não sou assim tão criativo." Não acho que a lição aqui dependa de se ter o olho de um decorador de interiores ou de um crítico de arte. Depende de se seguir um processo com os pés bem no chão. Pegue uma seleção de imagens de que você goste – imagens que lhe dizem algo. Depois pergunte: o que estão realmente me dizendo? Por exemplo: eu sempre quis ter um jogo de chá antigo. Mas não conseguia comprá-los. Então vi uma imagem de uma casa bastante desarrumada, com uma grande mesa na qual havia várias xícaras antigas que não combinavam. A desordem não era tão atrativa, mas me fez perceber que a combinação não era assim tão importante – e individualmente as xícaras e pires são muito mais baratos. E agora, cerca de dez anos depois, tenho uma coleção de xícaras individuais e fico fascinado todos os dias ao usá-las. É um exemplo diminuto, claro. Mas ilustra o processo. As sugestões estão por aí. É só prestarmos atenção.

Vou lhe dar um exemplo em maior escala. Uma casa na nossa esquina ficou recentemente à venda. É bastante diferente da nossa. Moramos em um velho edifício que foi adaptado várias vezes; ele não se ajusta ao padrão moderno do lote à venda. Não está "inundado de luz"; não tem uma "enorme cozinha"; não é "o sonho de um anfitrião" (embora tenhamos tido alguns jantares encantadores). Ocasionalmente, recebemos olhares compassivos de nossos vizinhos.

A casa da esquina não é bonita; é praticamente do mesmo tamanho da nossa e tem um jardim menor. Mas (continuando com a linguagem do mercado imobiliário) está de acordo com todos os desejos. Foi vendida por um valor cinquenta por cento maior do que o da nossa. A diferença equivale ao meu salário inteiro de vários anos. De certa maneira, é simplesmente um golpe de sorte. Realmente gostamos de certas coisas (cantinhos e quinas excêntricos, inesperadas mudanças de nível, toques de grandiosidade arquitetônica) que não determinam um elevado preço de mercado onde vivemos. Mas descobrir que nossa casa seria vendida por menos do que a da esquina não a torna menos valiosa para *nós*.

4. Anseio e receio

Meu pai costumava manter seus registros financeiros em uma escrivaninha com um tampo dobradiço. De tempos em tempos, eu o apanhava abrindo-a e enfiando nela um punhado de envelopes rasgados e papéis amassados. Nas gavetas inferiores havia montes de contas, documentos, formulários oficiais, cartas e listas rabiscadas, certificados selados, páginas arrancadas de cadernos. Eu via a vergonha e a culpa de meu pai quando despejava mais uma pilha no pântano.

Parti do princípio de que era fácil manter os nossos registros em perfeita ordem. Com a idade de quase 14 anos – com uma renda anual de 26 libras, sem impostos ou contas para pagar e nada envolvendo dinheiro que pudesse me envergonhar ou assustar – eu mantinha um registro lúcido de meus gastos ocasionais.

Aqui estão as poucas primeiras linhas de outubro de 1980:

De setembro		tenho	20,75 libras
3º	Recebi 50p do vovô	Agora tenho	21,25 libras
6º	Comprei o *Pense como um grão-mestre*, 2,99 libras	Ainda tenho	18,26 libras
10º	Recebi 50p do vovô	Agora tenho	18,76 libras

Meus olhos demoravam-se com satisfação sobre as linhas. A caligrafia era linda. Porém, agora sei muito bem do labirinto atormentador de minha própria gaveta de dinheiro: a ser aberta apenas com melancolia e angústia. Nunca serei capaz de encontrar a informação ou os documentos de que preciso. Quanto mais urgente a exigência, mais frenética a busca, mais confusas ficam as pilhas. A espiral acelera para baixo. Minha vida está arruinada. Fico com muita raiva e desesperado. Quero jogar montes de papéis pela janela e simplesmente me submeter ao desastre iminente – divórcio, penúria ou prisão.

Mas *por quê?* Por que é tão difícil manter um sistema de registros simples, claro e manejável? Por que não consigo ter uma visão clara de onde estou, para onde vou, quanto gastei, quanto poupei (ou devo)? Será que acho que manter registros, preencher documentos e formulários é *chato?* Ou sou apenas *preguiçoso?* Em princípio, gosto bastante de tarefas predeterminadas, trabalhosas, repetitivas. Tenho de me obrigar a parar de jogar Sudoku e organizo exageradamente peças de quebra-cabeça (gosto de arrumá-las pelo número e padrão de lóbulos e denteados). Quando jogo Banco Imobiliário, sou fanático quanto a manter meu dinheiro e cartões em ordem perfeita. Portanto, embora minha primeira reação (e a daqueles de quem sou íntimo) é me culpar por ser preguiçoso, e insistir em prosseguir mesmo que seja entediante, a preguiça e uma tendência a me aborrecer facilmente não são realmente as causas das minhas dificuldades. Porque a preguiça e achar as coisas entediantes são sintomas, não causas.

A causa é esta: sinto que é psicologicamente perigoso me aproximar desse assunto em particular, tal como alguém que instintivamente afasta a mão de uma chapa elétrica quente. Psicologicamente – espiritualmente, imaginariamente – nos afastamos do que sentimos que irá matar nossas almas. Em outras palavras, o medo é profundo

Senti pouquíssima pena.

e importante. Tem de ser superado; mas não conseguiremos superá-lo se não o entendermos.

Tenho medo de organizar minha gaveta de dinheiro – do mesmo modo que tenho medo de altura. Sei que não deveria; mas a sensação do medo é exatamente a mesma que a do medo real. A pessoa que sofre de vertigens sente como se estivesse prestes a mergulhar para a morte – mesmo estando segura. Mas é uma experiência genuinamente aterrorizadora.

A solução fantasiosa é – louca, mas muito logicamente – dinheiro. Eu me sentiria melhor quanto à minha relação com dinheiro se tivesse mais dinheiro. Mas não consigo ganhar mais dinheiro porque me sinto mal com meu relacionamento com dinheiro. O caos é o resultado de uma relação infeliz com dinheiro. E a confusão e a ansiedade que o caos traz tornam as coisas ainda piores. É uma função essencial (mas atualmente negligenciada) da arte nos ajudar a encarar e superar nossos problemas espirituais conforme aparecem em nosso dia a dia.

À primeira vista, o poeta romano Virgílio pode parecer uma pessoa improvável a quem se pedir ajuda. Nos primeiros tempos do Império (Augusto era seu grande patrono), Virgílio escreveu uma série de poemas sobre agricultura, *Geórgicas*. Eles constituem um manual de instruções dizendo quando lavrar, como criar abelhas e cuidar de vinhedos. Sua importância, aqui e agora, está na maneira como Virgílio mostra a dignidade, o charme e a bondade dos pequenos mas preocupantes dilemas e das atividades humildes e rotineiras da gestão de recursos. É um livro para pessoas que não são lavradores por instinto; mas para aqueles que pensam que talvez sejam preguiçosos ou entediados – e que evitam pensar sobre todas essas coisas diferentes ao mesmo tempo.

Aqui está como Virgílio faz isso: algumas tarefas, diz ele, podem ser apreciadas por si mesmas. Você as separa de suas consequências. Nesse espírito, Johann Wolfgang von Goethe, o escritor alemão do século XVIII, gostava de conversar sobre a beleza da escrituração contábil. Ele estava tirando a atenção do que estava entrando ou sendo gasto e se concentrando no método de registro. A vantagem espiritual dessa tarefa aparentemente entediante é que ela permite rigor. Virgílio escrevia como um homem absolutamente no centro de sua cultura erudita – ele trazia uma grande medida de glamour e peso emocional e moral. E usava essa posição em seus escritos a fim de chamar nossa atenção para o que poderiam parecer assuntos práticos secundários – o que fazer quando chove, por exemplo (numerar os sacos de sementes, coser cestos, consertar o arado, moer milho). Ele mistura instruções muito práticas com discussão sobre os deuses e o significado da vida. Os assuntos menores se juntam aos grandiosos. De maneira que ao se empreender tarefas aparentemente menores se pode ver como e por que se está contribuindo para algo genuinamente bom. Deixa de parecer fútil.

Poderíamos ter a tendência a supor que por isolar uma tarefa e tirá-la de nossas vidas a tornamos mais controlável. Esse, acho, é o significado da escrivaninha fechada de meu pai. As tarefas inoportunas, entediantes, desconfortáveis, podem ser lacradas – de maneira que não contaminem o resto de nossa existência. Virgílio e Goethe têm a perspectiva oposta. Eles olham para as atividades mundanas, complicadas, contínuas e as trazem para o centro de nossa autoconcepção.

Em um dos poemas, Virgílio discute o ritmo do trabalho. É outono:

O trabalho do lavrador prossegue em
Ciclos, enquanto o ano recorrente volta sobre seu próprio caminho.
E agora, no tempo em que uma vinha despe suas folhas relutantes
E um amargo vento norte soprou o orgulho da floresta,
Mesmo agora o camponês ativamente instiga o vindouro
Ano e seus afazeres; atacando a vinha nua com uma encurvada
Faca de podar, ele ceifa e poda as formas.
Seja o primeiro a cavar a terra, o primeiro a podar
Para a fogueira, o primeiro a colocar sua estaca
Mas o último a colher a safra...
Isso precisa de trabalho árduo.

Nada que ele diz torna mais fácil a tarefa que descreve. O que ele está fazendo é dignificando o trabalho ao ligá-lo aos mais grandiosos aspectos da existência. Ele escreve sobre mitologia, as estações e a religião local, descreve a sabedoria e o presságio do bom lavrador, a dedicação a todos os passos necessários para cultivar o solo.

Há um paralelo crucial aqui com o trabalho constante de manter a ordem financeira. Poderíamos projetar um Virgílio atual que nos conta sobre o ritmo do ano financeiro... *Agora as últimas andorinhas estão partindo, e as primeiras ventanias do inverno sacodem seu telhado, agora é tempo de pôr em ordem seus extratos bancários e recibos. No caminho do trabalho para casa pare em uma loja de quinquilharia e compre duas caixas de madeira grandes o suficiente para conterem folhas de papel A4. E vá você mesmo, também, enquanto o sol se põe, a uma papelaria e compre uma boa quantidade de pastas de papel-manilha, da cor da esperança. Jante cedo e coloque todos os papéis diante de você no tapete. Separe-os, como Deus separa os justos dos injustos, em duas pilhas.*

Organize-os por data. Trabalhe lentamente. E quando tiver acabado, faça uma libação a Apolo, o qual adora clareza e ordem. Na segunda noite, consagre sua mente ao cálculo. Na terceira, dedique-se ao preenchimento de formulários. Dessa maneira, você divide seu trabalho equilibradamente ao longo da estação.

Virgílio dignifica a instrução – parte do princípio de que você é uma pessoa culta, interessante, sensata, sensível (isto é, normal). E ele assume a tarefa não como alguém que nos repreende ou é condescendente conosco, mas sim como um poeta e um filósofo.

Em última instância, cultiva-se uma arte – uma das menores artes políticas, a arte das finanças domésticas. Ao se dizer que esta é uma arte, está se tendo uma ideia de que há motivos e recompensas múltiplas, que estão integradas. Há uma ordem *estética* – uma beleza física que está ligada à arrumação e à clareza – como a beleza da tabela periódica dos elementos, ou a elegância de uma equação matemática, ou a correção de uma nota em uma sonata. É uma beleza clássica.

Acredito ser extremamente importante separar a tarefa de organizar da tarefa de confrontar, porque são atividades psicologicamente muito diferentes. Você precisa empreender a ordem como se fosse arrumar uma coleção de conchas, postais, ou os papéis de outra pessoa. Quanto à confrontação, acredito que o melhor método é fazer isso gradualmente, por etapas. Não é possível resolver tudo de uma só vez. Isso simplesmente não vai acontecer. Mas isso é semelhante a outras tarefas – como a de aprender uma língua, de tocar um instrumento musical ou de praticar um esporte. Há um perigo de se olhar para o todo muito cedo e muito intencionalmente. Isso petrifica nossos esforços e humilha nossos empreendimentos iniciais.

Em seus escritos, Virgílio está tentando cobrir a lacuna entre o que *temos* de fazer e aquilo que nos admiramos *por* fazer. Ele lança o manto do glamour cultural e mostra o encanto das atividades costumeiras – de maneira que tais atividades sejam sentidas como mais estimulantes, mais como atividades às quais você gostaria de se ver associado. Essa é a marca de uma cultura boa e útil – ela nos ajuda a *usufruir* do que nos é importante e bom *fazer*.

VI. Como ganhar dinheiro e ser uma boa pessoa ao mesmo tempo

1. Ter e fazer

Bem no início deste livro sugeri que uma das preocupações típicas que temos sobre dinheiro é ele ser como um "vírus". Essa é uma ansiedade geral, social. Mas pode ser manifestada na forma de um medo muito pessoal: *a não ser que eu venda minha alma, não conseguirei ganhar dinheiro suficiente para satisfazer as minhas necessidades.* Quando me pergunto de quanto dinheiro preciso para viver uma vida próspera (em vez de simplesmente ir levando), a quantia é alarmantemente alta. Como conseguirei ganhar tanto dinheiro?

Coloque de outra maneira: se eu seguir o desejo do meu coração, quando isso funcionar, receio que não seja capaz de ganhar dinheiro que baste para viver o tipo de vida que acho que devo ter.

Uma versão dessa preocupação se forma nas cabeças de pais amorosos escutando as esperanças de seus filhos sobre a vida adulta. A experiência tradicional é algo assim:

GAROTO DE 7 ANOS: Vou ter cinco Land Rovers e um helicóptero e duas piscinas e um trampolim enorme e...

PAI: Isso é muito bonito. E como você vai pagar por tudo isso? Vai ter um emprego?

GAROTO DE 7 ANOS: Sim, vou dirigir o ônibus da escola.

Esse cenário surge da inocência das crianças. Por enquanto, elas não fazem qualquer ideia da ligação entre o que se faz e qual é a recompensa monetária que se obtém. O princípio do garoto de 7 anos é o de que, quanto mais divertida é uma atividade, mais coisas boas fluirão dela. A essência dessa esperança é: "Quero ser extremamente bem-recompensado por passar um tempo agradável sendo eu mesmo." É por essa razão que, entre as crianças da escola, ser uma estrela do esporte ou uma supermodelo são as opções de "carreira" mais populares. O desejo em si é natural. Infelizmente, o sucesso nessas áreas requer níveis extremamente elevados de habilidade inata ou sorte.

E há uma versão mais mundana deste cenário pai-filho, que traz preocupações de outro tipo:

GAROTO DE 7 ANOS: Vou ser corretor imobiliário.

PAI: Por quê?

GAROTO DE 7 ANOS: Porque são eles quem ganham mais dinheiro.

Mais questionamento revela que a escolha da criança está baseada na simples suposição do tamanho: quanto maior for a coisa que você venda, mais dinheiro vai ganhar. Também é uma escolha motivada pela crença de que dinheiro é igual a felicidade. E percebe-se que a criança apenas relutantemente chegou à conclusão de que ser assaltante de bancos, embora maravilhosamente lucrativo, é arriscado demais. Mas também há certa ternura na crença ingênua de que tudo o que importa em uma vida de trabalho é quanto dinheiro se consegue ter.

Esses episódios de infância são importantes porque imaginam um mundo fundamentalmente mais simples do que sabemos ser o nosso. Nesses mundos você só precisa resolver um problema. Faça o que gosta de fazer – e você ficará rico, ganhará bem – e sua alma se sentirá realizada.

O que enfrentamos na realidade é a necessidade de resolver dois problemas ao mesmo tempo. Precisamos ganhar dinheiro suficiente (para satisfazer nossas reais necessidades) e precisamos fazer coisas que nos ajudem a perceber quem somos e que satisfaçam nossa profunda ânsia por sentido e por contribuir para o bem coletivo. Você pode escapar dessa lógica – isso é verdade – por não se importar com o sentido e o bem coletivo. E também pode escapar não se interessando por ter muito dinheiro. Mas muita gente se importa com ambas as coisas.

Há razões bastante profundas por que deveríamos nos importar simultaneamente com ter e fazer. Ambas estão ligadas à prosperidade.

O que fazemos com nossas vidas é obviamente essencial para quem somos. Aquilo em que investimos nossa energia mental, aquilo em que colocamos nossos recursos emocionais, em que empregamos coragem, ousadia, prudência ou empenho: são partes fundamentais da existência e, inevitavelmente, estão muito ligadas ao trabalho e a ganhar dinheiro. E precisamos dessas partes da existência de maneira a encontrarmos uma aplicação adequada em atividades que *mereçam* nossos melhores esforços. Não queremos reservar nossas capacidades fundamentais para as margens e os finais de semana da vida.

Igualmente, como argumentei, não é frívolo avaliar *para* o que precisamos de dinheiro. Para nós, pelo menos às vezes, são muito importantes as oportunidades e os bens que o dinheiro nos proporciona.

Talvez inconscientemente, temos muitas vezes uma imagem da relação entre satisfação e ganho que parece assim:

Pense no corretor da bolsa que colhe amplas remunerações por fazer algo que parece não ter nenhum mérito intrínseco. Ou considere o professor dos primeiros anos que ajuda uma criança tímida a se sentir mais confiante mas é pago de forma muito modesta por um trabalho tão importante e positivo.

Com alguma reserva, na economia ideal, utópica, a relação pareceria assim:

Em um nível individual, estamos tentando encontrar um caminho para fazer isso acontecer na nossa própria vida. Mas porque o valor intrínseco não é apenas aquilo que é bom para mim, e sim o que é *verdadeiramente* bom, esse também é um serviço público. Não é ganância querer ganhar muito dinheiro se você quer fazê-lo como uma recompensa por fazer coisas que são genuinamente boas para outras pessoas.

Quando me mudei para Londres pela primeira vez, no final dos anos 1980, todos pareciam estar ganhando dinheiro – menos eu. Eu tinha terminado recentemente uma graduação em filosofia. Não sabia o que fazer da minha vida. Dividia um quarto minúsculo (2,4 x 1,5 metros) com meu primo em um apartamento em uma região decadente ao sul do rio. Eu tinha um trabalho casual como garçom – a impaciência dos clientes quando eu estava me esforçando ao máximo e quando havia demora para a comida chegar nada tinha a ver comigo, me fazia chorar de raiva pela humilhação.

Iniciei uma pós-graduação, que me deixou ainda mais endividado. Depois das aulas noturnas, saíamos para beber cerveja. Mas isso frequentemente implicava ir para casa a pé, porque tinha gastado o dinheiro do metrô, e atravessar quilômetros de decadência urbana cinzenta. Meu amigo Chris, que estava se saindo brilhantemente em suas pesquisas sobre Nietzsche, conseguiu um emprego de meio período como repositor na Harrods. Ele nos contou sobre o comentário irônico de seu irmão: "Tanto discernimento sobre o significado da vida e aqui está você garantindo que os rótulos das geleias estejam voltados para a frente." De maneira bastante rude, ele estava destacando que alguns méritos muito reais não acompanham facilmente as exigências da economia. Chris queria mais dinheiro. Mas não queria apenas isso. Também queria viver em um mundo no qual haveria uma melhor saída – poderíamos dizer um melhor mercado – para os seus talentos.

Aqui há uma preocupação generalizada de que o "capitalismo" é um sistema defeituoso, mas ao qual vamos ficar presos durante muito tempo. Normalmente parece bastante cruel e, no entanto, não há uma saída clara dele. Isso cria uma melancolia difusa. Por isso quero procurar algumas formas nas quais poderíamos nos sentir mais esperançosos quanto ao todo.

As preocupações pessoais e gerais estão vinculadas. Ambas olham para o mesmo problema: parece difícil demais combinar prosperidade financeira com ser uma boa pessoa. Nossa preocupação é não poder ter ambas as coisas.

2. O que Rex entendeu errado e outras lições

A grande tarefa é entender como a busca por lucro, individual e coletivamente, pode ser combinada com a busca séria por mais valor. É possível ganhar mais dinheiro satisfazendo as mais elevadas necessidades da humanidade?

A resposta a essa pergunta está em considerar algumas das causas do lucro e traduzi-las do seu uso familiar em satisfazer necessidades básicas e de ordem mediana e entender como elas podem ser usadas para abordar as necessidades mais profundas da alma.

Incidentalmente, prestar atenção às causas de lucro ajuda a desmistificar as maneiras de como se ganhar dinheiro. Frequentemente, há uma suspeita residual de que a riqueza é acumulada por exploração, de que o dinheiro é feito por algumas pessoas porque, na verdade, elas tiram dinheiro dos outros. (Essa crença está consagrada no mito de que a riqueza é a causa da pobreza.)

Para nos debruçarmos sobre isso, podemos nos fazer as seguintes perguntas: quais são os exemplos de maneiras de ganhar dinheiro que falam à sua alma? O que realmente se passa nesses casos?

Para ilustrar isso, seguem quatro exemplos tirados da minha coleção.

i. A lição da carta da sorte

Na versão de Banco Imobiliário que nós jogamos, há uma carta da sorte que diz: "Você comprou uma aquarela no Camden Market e a vendeu por um lucro enorme. Receba 200 mil dólares." A carta reflete uma das ideias mais básicas sobre ganhar dinheiro.

Na banca, rodeado de quinquilharias, desprovido do nome do artista e sem moldura, o pequeno papel colorido carece das óbvias marcas de atratividade e valor. Mas o olhar treinado consegue reconhecer as marcas fundamentais do valor financeiro – o estilo de uma mão específica; a qualidade da execução. Elegantemente montado e emoldurado, com uma placa anunciando um nome famoso, em uma silenciosa e opulenta galeria de arte em Mayfair, qualquer um pode ver que ele vai fazer jus a um preço elevado.

Portanto, uma virtude relevante é não ter preconceito – não se avaliam as coisas segundo o ambiente, mas como elas são em si e por si mesmas. Isso vai contra a natureza de muitos hábitos sociais. O dinheiro é então ganho reposicionando aquele objeto com as relevantes marcas secundárias de valor.

A outra virtude, aqui, é uma compreensão de qual seria o contexto correto. O que você precisa fazer com o objeto de maneira a tornar óbvio seu valor para mais pessoas? No exemplo da galeria de arte, a resposta a essa questão já foi resolvida. (Claro, esse processo tem seu oposto moral no charlatanismo, no qual as marcas secundárias de valor são empregadas na ausência de valor real.)

Descubra o tesouro inestimável.

ii. O que Rex entendeu errado

Há um episódio em *Brideshead revisited*, de Evelyn Waugh, em que o personagem principal, Charles, está morando em Paris e sai para jantar com Rex Mottram – um rude e ávido aventureiro financeiro, membro do Parlamento.

Eles estão indo ao restaurante favorito de Charles, e Rex vai pagar. Como um lugar calmo, é perfeito. Rex gosta da comida, mas então pensa em como o lugar seria tão mais lucrativo "se alguém realmente o assumisse". Sabemos o que isso quer dizer. Suas virtudes reais se perderiam; ele se tornaria ostentoso e espalhafatoso, os preços seriam inflacionados; seria condescendente com as exigências da fofoca e da moda. Charles fica aborrecido. E assim, somos tentados a ficar do lado de Charles e sentir que a comercialização é o inimigo e que pertence a pessoas odiosas e insensíveis como Rex. O receio é que pela comercialização de algo você tenha de tornar isso menos valioso e degradado. O que era encantador e intimista torna-se uma estúpida entidade de mercado para as massas. E, obviamente, esse é um perigo real.

Mas poderíamos seguir outro caminho. Do jeito que é, o restaurante está fazendo muitas coisas extremamente bem. E, claramente, é muito melhor do que muitos outros lugares. Portanto, as pessoas que simpatizam com Charles deveriam desejar que houvesse mais desses restaurantes. Deveriam querer que esse tipo de empreendimento fosse normal, e não raro. Mas se perguntarmos por que ele é raro, a resposta será algo assim: não são muitas pessoas que sabem como fazer isso acontecer. Em algum ponto por trás desse cenário há o conhecimento de como fazer este restaurante específico ser tão bom – de como fazê-lo sutil e belo, de como conceber um cardápio e manter um alto nível de qualidade, de como criar uma atmosfera que convida as pessoas a serem versões elegantes e amáveis de si mesmas.

E deveríamos querer que esse tipo de conhecimento fosse disseminado e que tivesse mais influência no mundo. O processo de comercialização é o caminho de descobrir como aquelas qualidades genuinamente boas podem ser levadas à fruição em mais lugares. Como esse tipo de inteligência poderia gerir um bar ou um hotel, por exemplo? Para mim, o caso de *Brideshead* é importante porque, durante um longo tempo, ficou em minha imaginação. Pensei na comercialização como pertencendo aos Rex do mundo. Por isso nunca me perguntei como as coisas com que me importava podiam competir efetivamente no mundo. Sem me dar conta disso, adotei um padrão mental trágico. Parti do princípio de que o lucro era o inimigo – e isso foi conceder poder e consequência a tudo o que me desagradava.

Inconscientemente, assumi que o que era bom não podia ser também lucrativo; os melhores filmes perderiam dinheiro; a poesia mais nobre não venderia. Qualidade e significado, portanto, requeriam subsídios governamentais para poderem existir. Eu esperava que os políticos interviessem no mercado e garantissem uma zona segura e não competitiva para o belo e o sério. Mais tarde, vim a perceber que política é um mecanismo pobre para produzir isso. As políticas refletem as preocupações dominantes existentes na sociedade, as mentes de políticos ambiciosos têm de se concentrar em ganhar eleições – e isso significa atender às preocupações de bandos de eleitores cuidadosamente selecionados em círculos eleitorais oscilantes. Num sentido grandioso, a prosperidade da beleza, da bondade e da verdade é a preocupação política central – o que quer dizer que esse é um grande empreendimento coletivo. Mas as reais restrições do processo político significam que os governos não serão os anjos poderosos desses ideais. Portanto, aqueles que desejam ver a prosperidade desses assuntos têm de se comprometer com os mercados nos quais uma cultura desempenha seu papel. E comercialização é o nome desse compromisso.

iii. A lição do Landmark Trust

Devíamos nos inspirar no Landmark Trust, que foi fundado no Reino Unido na década de 1980 e agora também opera na França, na Itália e nos Estados Unidos. O ponto de partida foi um desejo de salvar e preservar edifícios interessantes e belos que, caso contrário, ficariam em ruínas ou seriam demolidos. Em geral, eles não usufruíam de destaque histórico nem mérito arquitetônico que justificassem a intervenção do Estado, o qual os preservaria como parte do patrimônio nacional. A meta, em vez disso, foi comercializar esses edifícios: ou seja, transformá-los em experiências que poderiam ser vendidas a um preço suficientemente alto para cobrir sua conservação.

Nesse caso, a coisa sendo vendida – a experiência de tirar férias em um desses lugares – é excelente. Eles são decorados e mobiliados de maneira ao mesmo tempo bastante simples e realmente requintada. O receio era que, ao acondicionar e vender férias, a integridade e o charme desses edifícios fossem sacrificados. Em vez disso, o negócio foi tão inteligentemente administrado que o valor real desses

A mercantilização e a busca de lucro criou isto.

edifícios foi alcançado, e *isso* é o que está sendo oferecido. Eles encontraram uma maneira de fazer o bem prosperar no mercado.

O termo estritamente relacionado à "mercantilização" também é usado frequentemente com um espírito hostil, negativo, indicando um processo que deveríamos lamentar. Mas aquilo a que deveríamos resistir é à mercantilização de baixa qualidade. A mercantilização é simplesmente o processo de transformar uma experiência ou tipo de objeto não vendável em algo que possa ser quantificado, classificado padronizadamente e comercializado. Quando a cidade de Edimburgo se expandiu para a New Town, aproximadamente de 1785 a 1825, as plantas dos edifícios e os projetos das casas eram "mercantilizados". Era possível comprar uma parcela de um terreno com o direito a construir uma casa de uma categoria específica, estritamente definida. E esses interesses podiam ser divididos e comercializados. Mas, nesse caso, a mercantilização não levou à corrupção espiritual da nação ou à maculação da beleza pelo comércio. Pelo contrário, foi a base econômica que permitiu a construção de alguns dos mais encantadores terraços, praças e crescentes do mundo.

A categorização padronizada de edifícios, nesse caso, era sensível a – na verdade uma categorização de – ideias extremamente boas sobre arquitetura urbana. Talvez os projetistas fossem historicamente muito afortunados: categorização e padronização estavam nas mãos de funcionários públicos excepcionalmente civilizados, que combinaram um gosto elegante com um faro para as finanças.

O que está errado com a mercantilização não é que haja padronização de categorização de qualidade, ou um mercado de comercialização em quantidades de alguma coisa. O que vai mal é que as categorizações e as quantidades não refletem nosso melhor entendimento do valor do que está em causa. Um quarto de hotel padronizado, por exemplo, é tipicamente desprovido de alma. Mas isso é porque ele padroniza os aspectos sem alma da acomodação. Com maior discernimento e habilidade poderíamos padronizar a simplicidade e a intimidade.

iv. A lição de Henry Ford

"Industrialização" é o nome que damos ao processo pelo qual o trabalho que foi antes empreendido por muitos pequenos fornecedores é reorganizado para permitir economias de escala. A sequência clássica da industrialização foi seguida nos primeiros tempos da fabricação de carros. No princípio, muitas pequenas empresas produziam alguns veículos. Foi Henry Ford quem organizou a produção de maneira que um grande número de carros pudesse ser feito mais eficientemente e dessa forma vendidos muito mais baratos.

Romanticamente tendemos a ser preconceituosos em favor de pequenas operações. E pensamos na industrialização como um fato levemente triste da necessidade econômica em vez de algo para ser buscado em relação às nossas nobres aspirações. Partimos do princípio de que é aceitável na fabricação de carros mas não nos relacionamentos interpessoais.

Pensemos, por exemplo, em psicoterapia. Atualmente ainda há uma imensa quantidade de produtores em pequena escala. Há muitas escolas diferentes de psicoterapia, bastante variáveis em qualidade, cada uma com seu programa de treinamento. O serviço é administrado na casa das pessoas, ou em consultórios. A imagem pública da psicoterapia é a de um processo um tanto misterioso de utilidade incerta. Os terapeutas estão associados a hábitos excêntricos de vestuário e conduta. A parte mais organizada da profissão está ligada à medicina e lida (como é tendência da medicina) apenas com problemas extremos. A psicoterapia é cara, um pouco embaraçosa, lenta e não confiável.

E, no entanto, considerada à distância, a psicoterapia é uma atividade obviamente importante. A premissa básica é que um grande número de pessoas sofreu interiormente com os problemas da vida. Complicamos nossos relacionamentos; sentimo-nos tristes com nossas vidas; sabotamos nossas esperanças e sentimo-nos irritados de maneira improdutiva. "Desespero silencioso" e "vida se esvaindo" são expressões que falam à nossa condição comum. Podemos funcionar e ir aguentando, mas desejamos muito mais do que isso. E o princípio condutor da psicoterapia é o de que pode ser providenciada ajuda real. Se pudermos encontrar a maneira correta de abordar nossas vidas interiores, então esses problemas podem ser aliviados. Podemos manter relacionamentos mais satisfatórios, fazer melhores escolhas sobre o rumo de nossas vidas e fazer um uso mais construtivo de nossas capacidades.

Poderíamos aplicar a abordagem de Henry Ford (e do Ford Modelo-T) às necessidades da vida interior. Melhor pesquisa e treinamento poderiam ser providenciados aos psicoterapeutas se houvesse uma via de carreira mais segura. A percepção do público poderia ser melhorada se houvesse os recursos para anúncios, para fazer a questão se fixar na cultura comum, se os consultórios fossem mais elegantes e o status e caráter dos terapeutas mais refinados. E sim, mais dinheiro poderia ser ganho. É uma questão de escala e organização. Essa é a sabedoria da industrialização.

v. A lição de Aristóteles

No começo da *Ética a Nicômaco*, Aristóteles demonstra a relação básica dos meios e dos fins. "Considera-se que toda arte e toda investigação, e igualmente toda ação e escolha, almejam algum bem." Por isso, não se poderá entender adequadamente uma atividade, ou uma investigação, enquanto não se souber que bem ela almeja.

Precisamos entender o fim, de maneira que possamos compreender apropriadamente quais devem ser os meios.

Muito frequentemente, atividades estão organizadas em mais de um estágio. Aristóteles explica isso com um exemplo agora estranho – mas, claro, ele estava falando de uma grande indústria tecnológica de sua época. "Uma perícia em fazer rédeas, ou qualquer outra parte dos arreios de um cavalo, vem de uma habilidade em lidar com cavalos, enquanto esta e todo outro tipo de ação militar estão sob a ciência militar." E a ciência militar, em si, está sob a política: a mais vasta e mais importante ciência das boas sociedades.

A lógica do argumento é clara: uma boa rédea é aquela que permite um melhor controle de um cavalo, em termos do que as pessoas querem ou precisam fazer com cavalos. Mas a habilidade em lidar com cavalos é em si – de uma maneira essencial – assunto da arte do comando. O que é o mesmo que dizer que a questão, nesse contexto, de ser bom em dominar um cavalo é ser capaz de participar efetivamente em atividades militares. Mas não é o cavaleiro quem define "efetivo" aqui. É a arte do comando que identifica o que é necessário na cavalaria. Mas a arte do comando é ela mesma sujeito da arte da política. Ou seja, o sentido de lutar é apenas para obter mais fins, e esses fins adicionais não são habilidade de lutar em batalhas, mas a segurança e a prosperidade de um Estado – e isso não está sob o comando, mas sob a política.

Isso se resume ao seguinte: em cada estágio você tem que se perguntar qual é o bem que está sendo servido. Como precisamos que isso aconteça para nos ser realmente útil e importante?

É crucial que Aristóteles pense no "fim" ou na meta como um bem. Qual é o bem a que a atividade ou investigação se destina? Por essa razão essa discussão é tão central à ética, a qual busca o conhecimento do bem. E é por isso que questões sobre dinheiro são sempre questões sobre ética.

Aristóteles está elaborando uma questão que tem grande significado para os empreendimentos humanos. Tem sido agregado ao pensamento empresarial sob o termo árido de "integração vertical", em que diferentes negócios simultaneamente fornecem vários componentes para um dono supremo. Mas a ideia vem realmente de Aristóteles – embora em seu modelo todos estejam trabalhando não para algum magnata mas para um ideal mais elevado.

Uma área que precisa desesperadamente desse tipo de integração vertical é a arte. Atualmente, as pessoas definem-se como estando "interessadas em arte". Então vão para escolas de arte, desenvolvem suas ideias e mais tarde buscam exposições. As galerias de arte procuram obras vendáveis e tentam promover artistas. Os colecionadores seguem suas próprias inclinações e, quaisquer que sejam suas razões, promovem a carreira de certos artistas comprando suas obras. Em algum ponto, as instituições públicas endossam e finalmente canonizam alguns artistas como sendo extremamente importantes. Ao longo do caminho há diversos mecanismos publicitários – resenhas em jornais, entrevistas em revistas etc. Em algum ponto nos bastidores há debates sobre a natureza e o valor da arte.

Mas em comparação com o modelo de Aristóteles esse sistema é caótico. Presta-se pouca atenção ao assunto subjacente: a que bem a arte realmente serve, e como podemos maximizar a provisão desse bem? Se essas questões fossem respondidas, galerias e escolas de arte teriam uma meta definida, o que, por sua vez, poderia estimular o recrutamento de pessoas para essas escolas de arte.

O que resulta de tais exemplos e análises? Não estou realmente tentando ensinar esquemas para ganhar dinheiro. Afinal, este não é um guia sobre como ganhar dinheiro. É tão fácil se sentir esmagado pelo sucesso de outros que é de fato útil manter em mente uma distinção crucial para a qual os exemplos apontam. Dinheiro *pode* ser ganho de maneiras verdadeiramente boas. Portanto, devíamos estar sempre perguntando *como* as pessoas ganharam seu dinheiro – não apenas *quanto elas têm*. Quando a riqueza é produzida autenticamente servindo aos melhores interesses da humanidade, então as pessoas que ganham dinheiro dessa maneira são nossos amigos – na imaginação, eu quero dizer. Por isso, não é preciso ser antidinheiro para ser crítico quanto a muitas das fontes de riqueza.

Trata-se de um tema bastante importante na vida, mas que, acho, não tem recebido atenção suficiente. Tem a ver com como nos posicionamos em relação aos sucessos e fracassos econômicos de outros. Tenho muitas conversas sociais em que as pessoas são a favor ou contra o dinheiro, mas descobri que fazer estudos de caso como esses acima me traz um sentimento de solidez interior. Sei por que e quando admiro a geração de riqueza. E isso me deixa livre para ser crítico quando necessário, sem sentir que sou apenas amargo.

Há outro benefício que também gostaria de mencionar. No trabalho, estou envolvido em pensar sobre como departamentos acadêmicos, que se veem como não comerciais, podem aumentar seus rendimentos. Muitos de meus colegas encaram isso como uma queda miserável. Mas os casos de estudo apontam para maneiras nas quais atingir um mercado e buscar lucro podem ser atividades nobres. Isso ajuda a refocalizar a imaginação. Não temos de engolir o conselho de um equivalente universitário de Rex Mottram; estamos tentando ser um pouco mais como o Landmark Trust.

Não é ingênuo pensar que se pode buscar lucro e fazer algo inerentemente bom ao mesmo tempo. É apenas complicado – mas tudo bem, o trabalho tem a ver com resolver problemas complicados.

VII. Meu lugar no grande cenário

1. Os problemas dos ricos

O grau em que você se sente abastado – ou pobre – normalmente depende de em quem mais você está pensando. Quando atravesso o Upper East Side de Nova York me sinto empobrecido, enquanto pode ser estranhamente terapêutico dirigir através de um subúrbio ou bairro pobre. Isso acontece porque tendemos a recompor nossos pensamentos sobre nós mesmos de acordo com o ambiente corrente.

Uma vez que o desejo de riqueza é quase universal, e quase sempre frustrado, é extremamente importante para nós, como indivíduos e coletivamente, manter em nossas mentes os problemas e dificuldades dos ricos.

Temos a tendência a não fazer isso porque pensamos: "Por que deveria sentir pena deles?" Mas a questão não é fazer justiça moral desses indivíduos. A questão é nos equiparmos para uma vida em que não seremos ricos, e também não ansiarmos a riqueza em vão.

i. Os problemas da herança

A riqueza herdada vem junto com os vínculos errados: "Eu lhe dei isso; mesmo além do túmulo eu controlo sua vida, e você tem de julgar sua existência segundo meus padrões; eu possuo sua alma", um tipo de "inveja do ancestral". O grau de exigência do que conta como sucesso é extremamente elevado.

Os ricos por herança são propensos ao sentimento de culpa. A questão "por que eu?" não pode deixar de surgir em uma mente reflexiva (e não ter uma mente reflexiva é também um problema, embora de um tipo diferente). Não há uma resposta linear; é pura sorte essa pessoa ter sido concebida por aqueles pais – ela não "conquistou" sua riqueza, então sente que lhe falta o direito moral a ela.

Essas pessoas são o alvo natural da inveja. São constantemente confrontadas pelas pessoas que pensam: "Você está na boa enquanto o resto de nós tem de trabalhar duro." A voz da inveja diz para o grande herdeiro: "Eu te odeio; eu quero o que você tem; você não devia ter isso; você tem que sentir angústia e culpa, mas se eu tivesse o que você tem eu seria feliz." E saber que é isso o que as pessoas sentem em relação a você deve ser extremamente desconcertante.

Portanto, qual é a resposta aqui? Como uma pessoa que herdou uma razoável quantia de dinheiro deveria se sentir quanto a isso?

1. Muitas coisas boas são distribuídas desproporcionalmente e sem nenhuma razão humanitária: beleza; destreza para o esporte; saúde; um temperamento equilibrado; apetite e habilidade mentais; normalidade; sociabilidade e humor; pais calorosos... A herança econômica é simplesmente uma coisa entre muitas – não é um caso especial.

2. Porque você mesmo não esteve envolvido na concessão de sua herança, deveria tentar não sentir superstição em relação ao endosso ou direito.

3. Você não será julgado de forma justa pelas outras pessoas. Mas essa é uma parte normal da vida; não algo que acontece puramente por causa da herança. É um aspecto normal do mundo que se aplica à herança, porque se aplica a tudo.

ii. O problema da inveja

Deve-se notar também que a riqueza não evita que as pessoas sintam inveja. Há um registro estranhamente excitante no diário de Chips Channon, um americano rico da alta sociedade na Londres dos anos 1930. Ele morava numa casa linda e requintada, oferecia jantares opulentos e vivia o que parecia – visto de fora – a vida mais despreocupada e encantadora.

Ele menciona ficar hospedado em uma casa admiravelmente majestosa, Mentmore Towers, que pertencia aos Rothschilds: "Receio que estou doente de inveja." (Com uma ressaca, ele demonstrou sua hostilidade, quebrando o penico dourado que fora feito para as abluções do imperador Napoleão.)

A questão é simples: apesar de tudo o que tinha, ainda assim Channon era prisioneiro de uma inveja desesperada. A lição, aqui, é que o dinheiro não liberta as pessoas da maneira que nós imaginamos que deveria. Se pudermos interiorizar essa lição e tê-la presente na mente, ela funciona como um cinto de segurança psicológico. *Eles* sofrem. Portanto, a sina deles não é uma solução para os meus problemas.

O homem que morou aqui...

...se sentiu doente de inveja quando ficou hospedado aqui.

iii. O problema do desregramento

Dinheiro em grandes quantidades remove as barreiras para a ação. Pessoas com riqueza garantida podem fazer o que querem. E – por pior que possa parecer – esse caminho normalmente leva à infelicidade. Há uma relação muito imperfeita entre desejo e prosperidade. Desejo tem como objetivo o prazer. Enquanto a conquista de uma vida boa depende do bem que criamos. E a oportunidade de seguir qualquer desejo que se possa sentir é o inimigo do esforço, da concentração, da dedicação, da paciência e do autossacrifício que são necessários para alcançarmos fins que valham a pena.

A pessoa que pode dar-se ao luxo de sair todos os dias e beber duas garrafas de champanhe tem de se conter, se pretende ter uma vida decente. Portanto, todos os dias elas têm de lutar contra uma tentação. A ideia de almoçar fora e beber champanhe parece imediatamente muito atraente. Mas não leva a lugar algum. Todos os dias ela poderia entrar em um avião e partir para qualquer outro lugar: mas com que propósito? *Hoje vou dormir em Veneza. Não, Paris é muito agradável, será que devo ir para lá? Mas nada é suficiente. Meu jatinho particular é pequeno demais. Minha ilha tem o formato errado. Quero uma família feliz e 23 amantes. Se não gosto de alguém, quero destruí-lo, e posso. O governo quer me roubar dinheiro. Não confio nos meus advogados e consultores financeiros: só estão interessados no que podem tirar de mim.*

iv. O problema do desempenho abaixo do potencial

Pensamos nos ricos – pelo menos aqueles que fizeram sua própria fortuna – como grandes empreendedores. Mas não é bem assim. Ganhar dinheiro é só o primeiro passo.

Historicamente, a riqueza foi implementada de maneiras realmente magníficas. E uma realização realmente grande tem de ser avaliada em comparação com o que outros *fizeram* do seu dinheiro. Um homem rico fez o seguinte:

Que poderes econômicos e imaginativos se combinaram para erguer este edifício?

Esta biblioteca, agora uma sala de leitura, passou no teste do tempo e tem sido uma inspiração – um símbolo da união de graça e sabedoria – para um enorme número de pessoas. Exigiu dinheiro, claro. Mas foi preciso muito mais do que isso. Muita gente tem dinheiro mais do que suficiente para igualar essa proeza. Mas elas não competem nesse campeonato. São pessoas que têm um desempenho abaixo de seu potencial, tendo em vista seus recursos. O equivalente de hoje poderia não ter um aspecto tão grandioso. Mas deveria ter uma grandeza de outro tipo. Claro que há exemplos incríveis de filantropia. E isso é um transtorno para os ricos. Eles realmente deveriam estar à altura desses exemplos filantrópicos, mas muitas vezes sabem que não estão.

A lição aqui não é que deveríamos sentir pena dos ricos. Em vez disso, estamos tentando cultivar algo que seria atrativo para Jane Austen: nossa própria dignidade.

Talvez a cena mais famosa em *Orgulho e preconceito* seja aquela em que Elizabeth Bennet rejeita o primeiro pedido de casamento de Mr. Darcy. Ao rejeitá-lo, ela categoriza as dificuldades dos ricos. Ele é orgulhoso, de uma maneira egoísta; ele acha que consegue obter o que bem quiser; se considera superior aos familiares dela (que são merecedores de carinho); e ele pensa que está lhe fazendo um grande favor ao ignorar, apesar de seu imenso bom senso, a diferença de seus níveis sociais. Elizabeth está preservando brilhantemente sua própria dignidade ao ver o que se passa de errado com Darcy. O problema nunca é sua riqueza por si só. Ela não pensaria em desdenhá-lo simplesmente por ele ter muito dinheiro.

2. As virtudes da pobreza

Há lições inesperadas a serem aprendidas por aqueles que conseguiram encontrar a plenitude sem dinheiro. Por ser o medo da pobreza tão grande e disseminado, devíamos nos educar e coletivamente para compreender o bem potencial da pobreza. Isso não pretende ser uma forma de ignorar os sofrimentos da pobreza – antes, é uma resposta à nossa própria ansiedade incessante. Seria libertador ser um pouco menos receoso.

O que pode ser bom na pobreza, e há algo que possamos aprender com ela, sem necessariamente passarmos pela experiência de sermos pobres? Isso soa esquisito, mas no passado as pessoas frequentemente estimavam a pobreza – não fome, humilhação ou ansiedade, mas indiferença às posses. São Francisco de Assis, por exemplo, considerava a pobreza voluntária um bem positivo. "São Francisco [...], acima de tudo, abominou o dinheiro", escreve um dos autores de *O espelho da perfeição*, a narração do século XIII sobre a vida do santo. Um episódio notável está registrado nesse volume. Um dia um peregrino foi à igreja onde Francisco estava e, como uma oferenda piedosa, deixou uma moeda de ouro no altar. Um dos monges atirou a moeda pela janela. Mas isso não era suficiente para São Francisco. "Ele ordenou-lhe que pegasse o dinheiro com a boca e o pusesse no esterco de um burro. E todos os que viram e escutaram isso se encheram de uma grande medo, e a partir desse momento desprezaram o dinheiro mais do que o esterco de um asno."

Essa atitude de ódio intenso de dinheiro deriva de uma completa visão de vida. As posses materiais e o prestígio são encarados não somente como irrelevantes mas como terrivelmente perigosos: eles são vistos como inerentemente corruptores.

Portanto, que benefícios podemos obter dessa espécie de ascetismo?

1. Ficar livre da obsessão e de estar preocupado com ganhar e gastar. Mas isso exige considerar aquilo a que mais se deveria prestar atenção. São Francisco amava a pobreza porque amava algo mais: a natureza e a simplicidade. Ele queria entregar sua mente por completo para ser parte da ordem natural, na qual ele pensava como sendo a criação de Deus. A luz do sol, um pássaro, uma flor eram seus modelos de ser ideal. O amor por tais coisas não se manifesta como posse.

2. Uma percepção mais aprimorada: por estar distanciado do ruído e da luta do grande mundo podemos ver pessoas e coisas como realmente são. Há observações muito boas no primeiro poema "London", de Samuel Johnson, escrito quando ele era muito pobre: ele nota que, pelo fato de os homens gostarem de enfiar fumaça dentro de si mesmos, há edifícios onde o barro se transforma em tubos (canos) e campos onde as ervas daninhas crescem; e porque muitas pessoas acham bom conectar objetos cintilantes às suas cabeças (ele está falando de brincos) outras passam suas vidas escavando no chão à procura de coisas que reflitam

a luz a um grau incomum (diamantes), enquanto outras têm pequenas barracas nas quais trocam essas coisas por montes de metal (ouro). Ele vê a estranheza subjacente a muitas das atividade do mundo. E é essa percepção, estabelecida quando ele era pobre, que lhe permitiu ser um pensador tão poderoso.

3. Independência: se você não se importa com o que as outras pessoas querem, seus motivos são verdadeiros. Os antigos romanos adoravam a história de Cincinato, que, apesar de ser um grande soldado, teve uma vida de completa simplicidade. Ele mesmo arava os campos e comia o pão simples. Num tempo de segurança nacional lhe foram dados poderes emergenciais como ditador temporário. Tendo derrotado o inimigo, ficou em uma posição de obter grande riqueza. No entanto, voltou para a sua vida frugal. Os romanos consideravam-no o modelo de um homem incorruptível, porque não havia nada que outras pessoas lhe pudessem oferecer que o desviasse do que ele considerava certo. Ele não podia ser comprado. E, portanto, podia lhe ser confiado poder sem restrições.

O que (se há alguma coisa) podemos aprender de tais exemplos? Veja só, simplesmente ser pobre não é garantia nenhuma de que quaisquer destes benefícios virão disso: eles não se vinculam automaticamente onde há uma carência de dinheiro. Antes, eles dependem de uma condição voluntária: uma vontade de não ter as coisas que a maioria das pessoas quer. Eles vêm de uma condição na qual não

148 Como se preocupar menos com dinheiro

se sente medo de não ter dinheiro. Dependem, positivamente, de outra coisa: segurança interior. Cincinato podia prosseguir sem qualquer das recompensas que se supunha serem o sentido mesmo do sucesso, porque sua atenção estava em outras coisas. Ele tinha, pode-se dizer, uma riqueza interior que tornava a riqueza exterior desinteressante para ele. E isso, claro, é precisamente o que em geral não é o caso da pobreza. É o mesmo com Samuel Johnson e São Francisco. Em cada caso, a capacidade de lidar bem com a pobreza dependia de ter um tipo completamente diferente de recurso interno, uma fonte de dignidade que não podia ser tocada pelo dinheiro.

Os três homens que estamos observando escolheram ser frugais – tinham a opção de ter mais dinheiro. Tinham uma escolha que muitas pessoas não têm. Tinham uma experiência física de pobreza; mas a experiência mental era bem diferente.

O ponto, aqui, não é que seja bom ser pobre. Esses exemplos são de homens muito incomuns. A lição que eles trazem é que as pessoas ficam menos preocupadas com dinheiro à medida que se dedicam a outra coisa. Pessoalmente, quero aprender um *pouco* essa lição e ver o que ela nos diz sobre relacionamentos com dinheiro. Mas é uma lição que nos leva ao próprio âmago das preocupações com dinheiro e do que fazer com elas; está ligada a tudo o que falamos neste livro.

3. A relação íntima com dinheiro

Como eu dizia bem no início, *preocupações* com dinheiro não são como os *problemas* com dinheiro. Preocupações têm a ver com imaginação e emoção. Elas envolvem como nos comparamos aos outros, os perigos (e benefícios ocasionais) da inveja, como entendemos nossas necessidades, com o que nos preocupamos e por que, como lidamos com o longo prazo *versus* o curto prazo.

Pensar nos problemas dos ricos e nas virtudes (ideais) da pobreza nos permite ver algo crucial sobre as relações com dinheiro.

A qualidade de um relacionamento depende do que você traz e do que a outra parte (neste caso o dinheiro) traz. É possível ter um ótimo relacionamento com uma coisa aparentemente pouco promissora (a pobreza) se você levar um enorme conjunto de recursos maravilhosos para o encontro. E se você levar muito pouco, não importa quanto a coisa (a riqueza) promete, porque você não consegue fazer nada bom com ela.

A qualidade do relacionamento não é uma questão de intensidade absoluta. Em *O pai Goriot*, de Balzac, há uma fabulosa descrição de um velho em um sótão remexendo seu pequeno monte de ouro. Ele acaricia as moedas, se regozija com elas. É quase como um encontro erótico. Mas esse é um relacionamento terrível. Ele está, na realidade, envolvendo uma pequeníssima parte de si – sua ganância pela posse. É absorvente, mas deixa de fora quase tudo o que deveria entrar num bom relacionamento: autoconhecimento, sabedoria, generosidade, gentileza, apetite pela vida e por novas experiências.

Ou considere novamente Cincinato, que poderia ter tido a riqueza de Roma em suas mãos, mas em vez disso escolheu lavrar seus campos. Não porque estivesse negando a si mesmo, ou porque achasse que seria louvado por isso, mas porque – para ele – essa era a busca mais agradável. Podemos não ter a escolha entre os dois, como ele teve, mas há prazer a ser encontrado nas coisas simples, assim que deixarmos de nos ressentir pelo fato de elas não serem grandiosas. Cincinato pôde colocar o melhor de si mesmo em sua lavoura.

Problemas com dinheiro só dizem realmente respeito a dinheiro – não ao nosso relacionamento com ele. Se eu tenho uma pilha de dívidas e contas e nenhum dinheiro, estou em sérias complicações; e não interessa quão interessante ou sensata é minha visão da vida, ou quão criativo eu sou, ou como tenho tanto bom gosto. Nenhuma dessas belas qualidades irá ajudar. Ou tenho de arranjar mais dinheiro, ou me reestruturar, ou fracassar.

Nossas *preocupações* com dinheiro são quase todas ligadas ao nosso relacionamento com ele. Dizem principalmente respeito ao que está se passando em nossas mentes. E a solução – a forma de nos preocuparmos menos com dinheiro – acaba por ser melhorar o que nós, como indivíduos, levamos para a relação. Precisamos olhar para a nossa contribuição. Necessitamos nos tornar mais imaginativos, mais pacientes, mais atentos às lições de nossa própria experiência, mais sérios sobre as coisas com que mais nos importamos, mais precavidos, mais independentes em nossos julgamentos. Mas, mais importante do que isso, temos de perceber do que de fato precisamos.

O ideal civilizado: elegância e dedicação ao trabalho.
Johann Joseph Schnellers, *Goethe em seu escritório ditando para seu secretário John* (1831).

Sei que à primeira vista isso parece estranho. Certamente, achamos, nos preocuparmos menos com dinheiro deve ter a ver com conseguir mais dinheiro ou aceitar ter menos do que gostaríamos. Mas, por mais óbvio que isto pareça, não pode ser propriamente assim. A nossa relação com o dinheiro só em parte tem a ver com dinheiro – diz respeito principalmente a outras coisas. Então temos que dar um salto de entendimento surpreendente, mas vital. Temos que olhar para dentro de nós e pensar no que o dinheiro significa para nós.

Meu ideal representativo da recusa em se preocupar demais com dinheiro é Johann Wolfgang von Goethe. Pelos seus muitos escritos sobre suas próprias experiências, sabemos que ele estava determinado a ser bem pago pelo seu trabalho. Veio de um lar abastado, mas procurou independência. Trocou de profissão, indo do direito para a consultoria governamental a fim de poder ganhar mais (o que então fazia sentido; hoje a trajetória pode ser na direção oposta). Teve de lidar com sérios contratempos. Seu primeiro romance foi extremamente popular, mas Goethe não ganhou dinheiro algum com ele por conta de direitos autorais inadequados. Mais tarde, negociou melhores contratos. Era muito competente em questões financeiras e mantinha registros meticulosos de suas remunerações e gastos. Gostava do que o dinheiro podia comprar – incluindo, como vemos, um robe elegante (seu gabinete não tinha aquecimento). Mas, apesar de tudo isso, o dinheiro e as preocupações com dinheiro não dominavam sua vida interior. Escreveu com admirável sensibilidade sobre amor e beleza. Era completamente realista e pragmático no que dizia respeito a dinheiro, mas isso não o levava a negligenciar o valor de explorar conceitos maiores e mais importantes na vida.

Ele é uma espécie útil de herói a ter em mente porque manteve um excelente relacionamento com dinheiro. Atingiu o equilíbrio certo entre se interessar por ganhar dinheiro e se concentrar nas outras coisas que eram realmente importantes para ele.

Claro, como todos os heróis, ele também é agradavelmente distante, histórica, geográfica e ideologicamente longe de nós o suficiente para conseguirmos ver suas realizações com relevo mais destacado. Mas isso somente nos dá uma meta mais clara pela qual almejar.

Dever de casa

I. Introdução

Meu pensamento sobre preocupações – em oposição a problemas – foi inspirado por uma palestra no rádio por Adam Phillips. Ele falou com discernimento sobre o que estamos fazendo quando nos preocupamos, usando o exemplo de um cachorro se "preocupando" com um osso.

II. Pensar sobre o dinheiro

1. *O que são realmente preocupações com o dinheiro?*

A tradição filosófica ocidental começa com Sócrates instigando as pessoas a formularem perguntas sobre assuntos em relação aos quais tradicionalmente pensariam que não haveria uma pergunta a ser feita. Ele tratava de coisas que seus contemporâneos admiravam, como a coragem, e os levava a perguntar seriamente: "Mas o que quero eu dizer com 'coragem'?" O melhor exemplo dessa abordagem é a *República*, de Platão, em que Sócrates dirige uma discussão sobre a pergunta "o que é justiça?". Sócrates é o grande patrono da ideia de que só progredimos no pensamento quando nos concentramos em fazer as perguntas certas.

2. Um bom relacionamento com dinheiro

Minha abordagem geral dos relacionamentos é inspirada em Donald Winnicott. Ele assumiu a perspectiva de que somos essencialmente criaturas que constroem relações – e que nossas relações com ideias e objetos, incluindo dinheiro, acabam por ter muito em comum com nossos mais íntimos relacionamentos com as pessoas. Assim, pode-se falar de uma criança "fazer amizade" com a matemática e ver o papel de um professor de matemática como (idealmente) o facilitador de tal amizade. *O brincar e a realidade* é uma boa introdução à sua obra.

III. O significado secreto do dinheiro

1. Quando dinheiro não é dinheiro

A questão sobre o que é dinheiro na mente de alguém é excelentemente explorada na *The Forsyte Saga* (A saga Forsyte), escrito por John Galsworthy e maravilhosamente adaptado para a televisão em 1967. Para o personagem principal, Soames Forsyte, dinheiro significa bondade e desejo. Há muito tempo ele está cego para os problemas crescentes de seu primeiro casamento, porque lhe é inconcebível que sua mulher pudesse ser infeliz com ele dado o fato de ele ganhar tanto dinheiro. Não é que ele ache que ela seja ávida por dinheiro. Ele sabe que ela quer amor. Mas ele pensa que realmente está lhe dando amor ao lhe dar dinheiro, porque na sua imaginação dinheiro e amor são a mesma coisa.

Dickens também é muito bom nesse tema. Em *Casa abandonada*, dinheiro é confundido com justiça, e em *A pequena Dorrit*, com dignidade – em ambos os casos as consequências são desastrosas.

2. Como se desapegar

O processo de analisarmos nossas atitudes inconscientes em relação a dinheiro é livremente derivado de Freud. Ele assume a perspectiva de que nós inconscientemente associamos coisas que, na realidade, são bastante separadas – prejudicando assim nossa capacidade de nos comportarmos apropriadamente. Um bom lugar para começar é *Esboço de psicanálise*, de Freud.

3. O que é dinheiro?

Há uma discussão muito estimulante para ler sobre a definição de dinheiro no primeiro capítulo da obra *A ascensão do dinheiro*, de Niall Ferguson.

IV. Dinheiro e vida boa

1. Dinheiro como um ingrediente

Um guia estimulante e sensato para a economia de Aristóteles pode ser encontrado em *The political thought of Plato and Aristotle* [O pensamento político de Platão e Aristóteles], de Sir Ernest Barker, publicado pela primeira vez em 1906. Ele explica a ideia de Aristóteles de que o dinheiro é apenas um recurso (como uma pilha de materiais de construção) que pode ser usado mal ou bem. Mas o dinheiro em si nada nos diz sobre como fazer isso – não mais do que uma pilha de tijolos nos diz como construir uma casa linda.

Dickens, outra vez, é um brilhante expoente da abordagem do dinheiro como "ingrediente". Alguns de seus mais nobres personagens, como o Mr. Bronlow, em *Oliver Twist*, são tão abastados como alguns de seus maiores vilões, como o Mr. Gradgrind, em *Tempos difíceis*. Não é o dinheiro em si que faz a diferença.

2. Teoria do casamento de Jane Austen

Razão e sensibilidade, de Jane Austen, é uma maravilhosa história de amor, claro; ao mesmo tempo, é uma tentativa cuidadosa de distinguir entre prudência financeira e autoindulgência. De fato, todos os seus romances têm temas econômicos duplos. Por um lado, ter dinheiro suficiente é levado muito a sério como uma condição necessária para um casamento feliz, e ou a heroína ou o herói tem de enfrentar esse problema. Em *Persuasão*, por exemplo, o capitão Wentworth tem de fazer sua fortuna na guerra antes de poder se unir a Anne, seu verdadeiro amor. Por outro lado, Jane Austen está sempre muito interessada em nos mostrar gente que tem muito dinheiro e que, no entanto, fracassa em suas vidas, como os Crawford em *Mansfield Park*.

3. Inveja como educação

Uma afirmação clássica de como deveríamos usar a inveja para nos educarmos pode ser encontrada no capítulo final da obra *As consolações da filosofia*, de Alain de Botton.

V. Criar ordem

1. *Necessidade* versus *Querer*

Na hierarquia de necessidades, as afirmações clássicas vêm da tese de Maslow de 1943, "A Theory of Human Motivation" [Uma teoria da motivação humana].

2. *De quanto dinheiro preciso?*

Há uma análise muito espirituosa sobre quanto dinheiro um casal precisa para viver na comédia clássica da televisão *The Good Life*, que teve sua primeira série em 1975.

3. *Preço versus Valor*

A obra de arte estranhamente intitulada *Muneris pulvera* do crítico de arte John Ruskin, de 1871, abre com uma magnífica tentativa de voltar a associar preço a valor. Apesar de ter sido escrita há tanto tempo, continua sendo a declaração mais clara e ambiciosa da necessidade de uma economia baseada no valor. Ruskin argumenta que dinheiro é *a posse potencial de coisas boas*. A posse efetiva de coisas genuinamente boas constitui a riqueza. Mas, tristemente, dinheiro também permite a posse de coisas prejudiciais e desprovidas de valor – uma condição que ele chama *illth*. O autor argumenta que o preço de um produto deveria ser determinado pelo grau de bom esforço da mão ou do cérebro que é requerido para fazê-lo, em vez de pelo nível de demanda.

4. Anseio e receio

Recomendo a tradução de C. Day Lewis da obra *The Georgics* (Geórgicas) de Virgílio.

VI. Como ganhar dinheiro e ser uma boa pessoa ao mesmo tempo

1. *Ter e fazer*

Fui muito influenciado pelo argumento de Alain de Botton, em *Os prazeres e desprazeres do trabalho*, de que o capitalismo ainda não chegou às nossas mais elevadas necessidades, mas poderia e deveria. O capítulo final de seu livro *A arquitetura da felicidade* examina a atormentadora relação entre dinheiro, bom gosto e beleza.

As instruções sobre como vender a alma estão emocionantemente expressadas por Balzac em *As ilusões perdidas* (embora você deva ter paciência, porque a primeira parte do romance é muito menos emocionante do que a segunda) e sua continuação, *Esplendor e miséria das cortesãs*.

2. O que Rex entendeu errado e outras lições

A adaptação televisiva, de 1981, de *Brideshead revisitada* ilustra brilhantemente a cena no restaurante. Para informações sobre o Landmark Trust, veja www.landmark.org.uk.

VII. Meu lugar no grande cenário

1. Os Problemas dos ricos

The rise of the noveaux riches [A ascensão dos novos ricos], pelo historiador de arquitetura J. Mordaunt-Crook, é um estudo fascinante do conflito entre riqueza e status na Grã-Bretanha durante a segunda metade do século XIX. Ele traça a recusa inicial por parte da elite aristocrática da época em se misturar socialmente com aqueles que haviam recentemente feito enormes fortunas e a absorção gradual da nova riqueza na ordem existente.

Os deveres que cabem aos ricos são explorados em *Sybil* (1845), de Benjamin Disraeli, um romance ainda muito agradável de ler. *Sybil* tem o subtítulo "As duas nações", pelo qual Disraeli representa os ricos e os pobres. Ele não advogava a igualdade; acreditava que os ricos deviam justificar suas vantagens materiais providenciando liderança verdadeiramente moral para o conjunto da sociedade, e ele é muito ríspido em sua condenação quando eles fracassam em viver à altura desse nobre papel. *Sybil* é uma notável obra escrita por um primeiro-ministro britânico.

Em *A vida que podemos salvar,* Peter Singer apresenta um argumento mordaz de que nós temos uma imensa responsabilidade moral para com todos os que estão sofrendo necessidades terríveis. A obra está concebida para induzir uma culpa massiva na consciência dos ricos.

2. As virtudes da pobreza

O espelho da perfeição é uma compilação de histórias, datadas do século XIV, que relata eventos da vida de São Francisco de Assis. Ele nos transporta à crença de que a pobreza voluntária é o estado humano ideal.

3. A relação íntima com dinheiro

Balzac, em *O pai Goriot,* descreve o prazer de um avarento contemplando sua riqueza.

Em seu melhor romance – *Os anos de aprendizado de Wilhelm Meister* – Goethe traça a evolução das atitudes de Wilhelm em relação a dinheiro. No começo, Wilhelm despreza o comércio, mas mais tarde vem a ter um respeito muito saudável pelo dinheiro como um ingrediente necessário para fazer acontecer coisas boas no mundo. Finalmente, ele se envolve com um poderoso grupo de reformadores sociais que almejam mudar o mundo por uma boa gestão comercial. Embora escrito bem no final do século XIX, os temas subjacentes são poderosamente relevantes hoje. Na sexta parte de meu livro *Love, Life, Goethe* (Amor, vida, Goethe), discuto essas ideias com mais detalhe.

Créditos das imagens

O autor e a editora gostariam de agradecer às pessoas e instituições abaixo pela permissão de reprodução das imagens utilizadas neste livro:

Páginas 19, 25, 84 e 105. Reprodução cortesia de Julian Scheffer

Página 24. *Lua nascendo sobre o oceano*, 1822, de Caspar David Friedrich (1774-1840) © Nationalgalerie, Berlim/The Bridgeman Art Library

Página 73. Well Walk © Roberto Herrett/Alamy

Páginas 98-99. *Os irmãos do artista*, 1830, de Wilhelm Ferdinand Bendz (1804-1832) © Den Hirschsprungske Samling/akg-images.

Página 121. Antique shop © Wildscape/Alamy.

Página 125. Royal Crescent © David Lyons/Alamy

Páginas 138-139. Sala de jantar azul e prata no número 5 da Belgrave Square, em Londres, projetada por Stephane Boudin. Fotografia © A. E. Henson/Country Life Picture Library.

Páginas 140-141. Mentmore Towers © Robert Stainforth/Alamy.

Página 143. The Radcliffe Camera © naglestock.com/Alamy.

Página 151. *Goethe em seu escritório ditando para seu secretário John*, 1831, de Johamm Joseph Schmeller (1796-1841) © Stiftung Weimarer Klassik/akg-images.

Ilustrações e diagramas nas páginas 17, 54, 59, 62 e 116 © Joana Niemeyer 2011

Todas as outras imagens foram cortesia do autor.

Anotações

Anotações

Anotações

Anotações

Se você gostou deste livro e quer ler mais sobre as grandes questões da vida, pode pesquisar sobre os outros livros da série em www.objetiva.com.br.

Se você gostaria de explorar ideias para seu dia a dia, THE SCHOOL OF LIFE oferece um programa regular de aulas, fins de semana, sermões seculares e eventos em Londres e em outras cidades do mundo. Visite www.theschooloflife.com

Como viver na era digital
Tom Chatfield

Como pensar mais sobre sexo
Alain de Botton

Como mudar o mundo
John-Paul Flintoff

Como se preocupar menos com dinheiro
John Armstrong

Como manter a mente sã
Philippa Perry

Como encontrar o trabalho da sua vida
Roman Krznaric